예비작가를
위한
출판백서

기획출판부터 독립출판까지,
내 책 출간의 모든 것

예비 작가를 위한 출판백서

권준우 지음

푸른향기
Prunbook Publishing Co.

당신의 책, 만들어줄게요

출판과 관련된 기억 중 뇌에 강렬하게 남아있는 장면이 둘 있습니다. 하나는 출판사와의 미팅이 끝날 즈음, 편집장님께서 내 눈을 바라보며 "그럼, 계약서 쓰시지요."라고 말했던 장면입니다. 글 쓰고 여러 출판사에 투고하느라 힘겨웠던 날들이 떠올라 가슴이 먹먹했던, 그리고 믿기지 않았던 그 장면이 첫 번째 기억입니다.

두 번째 기억은, 일본 스노보드 여행에세이를 구두 계약했던 출판사로부터 출간 불가 통보를 받았던 때입니다. 지인의 출판사였기에 따로 계약서를 쓰지 않았고, 저는 겨울 스키시즌 전에 책을 내려고 원고 마무리에 여념이 없었습니다. 지인은 갑자기 전화를 해 이러저러한 사정으로 책을 내지 못하게 되었다며 미안해했습니다. 출간 예정일을 2개월 앞둔 날이었습니다.

스노보드 여행에세이를 여름에 낼 수는 없는지라, 저는 제 에세이를 출판해 줄 출판사를 찾아 동분서주했습니다. 하지만 2개월밖에 안 남은 상황에서 출판사를 구한다는 건 어려운 일이었습니다. 1년을 더 기다려 출간해야 할 판인데, 이미 책에 실릴 인터뷰를 마친 상태라 더 미룰 수는 없었습니다. 조금 더 출판사를 알아볼까, 자비출판을 해야 하나, 이 김에 그냥 콱 출판사를 하나 만들어버려? 글만 쓸 줄 알았지 출판에 관해서는 지식이 부족했기에 날이 갈수록 머릿속이 복잡했습니다. 며칠을 고민하며 지내다가, 늦은 저녁 어둑어둑한 플랫폼에서 기차를 기다리던 저는 긴 한숨과 함께 혼자 중얼거렸습니다.

"아무라도 좋으니, 누가 내 책 좀 만들어줬으면 좋겠다."

출판시장의 문턱이 낮아지고 1인 출판사의 약진이 이어지면서 나만의 책을 출판하고자 하는 예비작가들이 늘어나고 있습니다. 하지만 여전히 기획출판으로 가는 길은 비좁고, 갈팡질팡하는 저자들을 위해 현직 기획자, 편집자들이 앞 다투어 '글쓰기'와 '기획서 쓰기'에 관한 책을 출간하는 추세입니다. 하지만 아무리 책을 읽고 출간기획서를 다듬어도 기획출판의 문턱을 넘어서지 못합니다.

수없이 투고해도 복붙 형태의 거절 메일만 받아온 이들. 이들이 원하는 건 베스트셀러 작가가 아닙니다. 그저 내 이름 석 자가 박힌, 예쁜 책 하나가 나왔으면 하는 바람뿐입니다. 하지만 출판사로부터 거절당하고 나서 무엇을 해야 할지, 어떻게 해야 할지 모르는 사람이 태반입니다. 출간기획서를 매끄럽게 다듬는 방법이나 자비출판을 고려할 때 무엇을 조심해야 할지 알지 못합니다.

예비작가가 듣고 싶은 말은 '이렇게 기획서를 쓰면 연락이 올 거예요.'나 '이렇게 글을 쓰면 베스트셀러가 될 거예요.'가 아닙니다. 결국 듣고 싶은 말은 '당신의 책, 만들어줄게요.'라는 따뜻한 말 한마디입니다. 아무에게도 듣지 못했던 그 말을, 자비출판이든, 셀프출판이든, 하다못해 전자책이라도 어떻게든 이룰 수 있게 함으로써 꼭 듣게 해주고 싶은, 그런 마음에서 이 책을 쓰게 되었습니다.

이 책을 쓴 저는, 기획출판으로 세종도서 문학나눔 우수도서에 선정된 적도 있고, 자비출판으로 책을 출간하기도 했습니다. 또한 POD 셀프출판의 경험도 있습니다. 수필문학회에서 활동하며 다수의 수필집을 공동 저자 형식으로 발간하기도 했습니다. 일반적인 작가들이 알기 힘든 다방면의 경험을 통해 쌓은 노하우로, 편집자의 입장이 아닌 저자의 입장에서 '나만의 책'을 만들 수 있는 최선의 길을 제시하고자 합니다.

출판사로부터 선택받지 못한 저자의 마음, 저는 잘 압니다.

자비출판을 하기로 마음먹었을 때, 괜찮은 척하지만 자존심에

살짝 스크래치가 생긴 것, 저도 느껴봤습니다.

자비출판이니 셀프출판이니 하지만, 막상 그렇게 책을 내면 서점에서 구입할 수 있는 것인지, 매대에 올라가는 것인지, 비용은 얼마나 드는 것인지, 그때는 몰랐지만 이제는 압니다.

책을 한 권 냈다고 해서 다음 책을 내는 게 쉬운 것도 아닙니다. 베스트셀러 작가가 아닌 이상 투고부터 다시 해야 하는 건 매한가지입니다. 1인 출판사를 하시겠다고요? 아무런 준비 없이 출판사를 차렸다가는 배보다 배꼽이 더 커집니다. 출판사 창업에 대한 정보를 찾아보아도 노하우를 얻기가 쉽지 않습니다.

저는 출판사 대표가 아닙니다. 잘 나가는 기획자도 아닙니다. 인쇄소 사장도 아닙니다. 그저 평범한, 글쓰기 좋아하는 저자 중 한 명입니다. 하지만 당신이 내민 손이 외면당해 무안할 때, 어디로 가야 할지 몰라 출판을 포기하려 할 때, 제가 겪었던 경험을 통해 나아갈 길을 설명해줄 수 있습니다.

내 이름 석 자가 들어간 책 하나를 갖고 싶어 하는 지친 당신에게, 제 따뜻한 말 한마디가 힘이 되었으면 합니다.

Chapter 1 글은 어떻게 써야 할까요?

Chapter 2 내 책 좀 만들어주세요

Chapter 3 책은 어떻게 만들어지나요?

Chapter 4 기획출판에 도전합시다

Chapter 6 셀프출판이 트렌드죠

Chapter 7 전자책으로 부담 없이

Chapter 8 확 그냥. 출판사를 차려버려?

Chapter 9 만들었으면 팔아봅시다

Chapter 1
글은 어떻게 써야 할까요?

나는 왜 글을 쓰는가?

나는 어릴 적부터 글쓰기를 좋아했다. 중학생 시절엔 시를 쓴답시고 노트에 빼곡하게 글자를 박아댔고, 고등학생 때에는 학습지에서 발간하는 신문에 내가 쓴 단편소설이 실리기도 했다. 대학생이 되어서는 문학 동호회에서 소설과 수필을 썼고, 의사로서 수련받는 동안에는 바빠서 한동안 글을 멀리했지만 전문의 시험에 합격한 이후로 다시 글을 쓰기 시작했다. 2007년 『에세이문학』지를 통해 수필 부문에 등단했고, 『가슴을 뛰게 하는 한마디』를 출간해 2013년 하반기 문학나눔 우수도서에 선정되기도 했다. 글쓰기에 대한 열망을 놓지 못해 서울디지털대학교 문예창작학과에 편입, 졸업했다. 그래서 나는 학사 졸업장이 두 개다.

이런 나의 행보를 사람들은 이해하지 못했다. 직업도 따로 있으면서 왜 힘들게 글을 쓰느냐는 질문에 나 또한 선뜻 대답하지 못했다. 나는 왜 글을 쓰는 걸까?

사람들에게 왜 글을 쓰느냐고 물으면 대답은 제각각이었다. 누군가는 환기를 이야기했다. 마음에 담아두고 있던 이야기를 글로 쓰면 마치 수다를 떤 것처럼 속이 후련해진다 했다. 자신을 힘들게 하던 일들을 잊을 수 있어서 힐링이 된다고 말했다. 너무 재미있는 이야기들이라 나만 알고 있기에는 입이 간지러웠고, 일상에서 깨달은 소소한 자기성찰을 기록하는 것은 보람찬 일이었다. 여행에서 있었던 추억을 저장하기 위해 블로그에 글을 쓰고, 자신의 지식을 쉽게 다른 이에게 알려주기 위해 글을 쓰는 이도 있었다. 조지오웰은 『나는 왜 쓰는가』에서 순전한 이기심, 미학적 열정, 역사적 충동, 정치적 목적이라는 네 가지 동기를 말했다. 내 생각엔, 이유는 여러 가지지만 결국 하나의 결론으로 귀결된다. '쓰고 싶어서.'

글을 쓰는 이는 쓸 수밖에 없는 사람이다. 자신의 안에 담겨있는 무언가를 활자로 표현하지 못하면 안 되는 사람이다. 그것은 낙서 같은 끄적임일 수 있고, 에세이 혹은 소설이나 시일 수도 있다. 지식을 담은 글도 있다. 여행을 눈으로만 하는 사람이 있는가 하면, 사진이나 글로 남기는 이도 있다.

글은 왜 쓰는 것일까? 쓰고 싶으니까 쓰는 것이다. 치밀한 계획이나 거창한 목적이 없어도 좋다. 그저 쓰고 싶다는 열정 하나면 된다. 글을 쓰는 데 이유 같은 걸 찾지 않았으면 좋겠다. 그저 마음이 흘러가는 대로 쓰면 되는 것이다.

책은 글의 집합체가 아니다

글을 쓰는 것이야 마음대로, 마음 가는 대로 써도 상관없지만 그것을 책으로 묶는 것은 조금 다른 일이다.

출판을 꿈꾸는 예비작가에게 조언하고 싶은 말이 있다. 글을 쓰는 것과 책을 만드는 것은 전혀 다른 작업이라는 말이다. 어차피 글을 써서 그것을 모으면 책이 되는 게 아니냐고 물을지 모르지만, 세상은 그렇게 간단하게 돌아가지 않는다.

책을 만들려 하는 이유부터 생각해보자. 글을 많이 쓰다 보면 '정리'를 하고 싶어진다. 지금까지 써온 글들을 모아서 하나의 '책'이라는 결과물로 도출시키고 싶은 마음이다. 나 역시 마찬가지였다. 문예지에 수필을 싣고 블로그에 글을 쓰면서 수필이 수십 편 쌓이자, 책을 내고 싶다는 생각이 들었다.

추억의 기록이 되기도 한다. 여행 중 찍은 사진이나 감상을 책으로 엮는 것이다. 또한 치유의 과정이다. 힘들었던 기억이나 삶을 책으로 엮으며 돌아볼 수 있다. 자신이 알고 있는 지식을 남에게 전달하는 방법이며, 자신이 상상했던 이야기를 풀어내는 수단이다. 직업적으로 수익 창출을 최우선으로 삼는 사람도 있다. 여러 가지 이유가 있겠지만 대부분의 책은 딱 두 가지로 구분할 수 있다.

첫째, 자기만족을 위해 소유하거나 나눠주고 싶은 책.
둘째, 남에게 팔기 위한 책.

만약 자기만족을 위해 지인에게 나눠주기 위한 책이라면 무슨 내용이든 상관없다. 하지만 남에게 팔기 위한 책은 이야기가 달라진다. 왜냐하면, 살 만한 가치가 있는 책이어야 하기 때문이다.

독자는 돈을 내고 책을 산다. 돈을 낸다는 것은 그만한 가치가 있고 완성도가 높을 것이라는 기대를 품고 있다는 뜻이 된다. 그런데 막상 책을 펼쳐보니 내용도 중구난방이고 쓸데없는 이야기만 들어있다면 어떨까. 매우 실망스럽고 책을 산 돈이 아까워질 것이다. 중국집에 가서 짜장면을 시켰는데 안에 라면이 섞여 있다면 어떨까. 짬뽕을 시켰는데 면이 터무니없이 적다면 어떤 기분일까.

책을 만들어 판다는 것은 큰 책임감을 필요로 한다. 그렇기에 최선의 노력을 다해 '책'이라는 이름에 걸맞은 내용을 담아야 한다. 아무리 좋은 글을 많이 썼다 해도, 그것이 잘 정돈되고 하나의 주제에 맞게 걸러지지 않는다면 책으로 만들어질 수 없다. 설사 만들어진다고 하더라도 완성도가 떨어지는, 수준 낮은 책이 될 수밖에 없다.

책은 글의 집합체가 아니다.

끝을 보지 못하는 사람은 책을 만들지 못한다

세상에는 대단한 사람들이 참 많다. 잘난 사람도 많다. 대가大家까지는 아니어도 자신의 분야에서 한가락 한다는 사람들은 널렸다. 하지만 그들 중에는 책을 내지 못하는 사람이 많다. 왜 그럴까?

명망 있는 대학교수에게 한 출판사가 출간을 의뢰했다. 교수는 흔쾌히 승낙하고 원고를 써주기로 했다. 하지만 1년이 지났는데도 도통 출판될 기미가 보이지 않았다. 교수가 너무 바빠서 원고를 쓸 틈이 없었기 때문이다.

집필이란 노동집약적인 행위다. 생각해서 글을 창조해내는 것이니 정신적으로 힘든 일이라 생각하겠지만, 어쨌든 글을 쓰기 위해 컴퓨터 앞에 앉아있어야 하는 것은 변함없는 사실이다. 엉덩이가 무겁지 않으면 글은 태어나지 않는다. 200페이지 정도의 책을 만들려면 10만 자 이상의 글자를 써야 한다. 이것이 노동집약적인 일이 아니면 무엇이란 말인가.

사회적으로 잘 나가는 사람일수록 책을 내기 힘들다. 일이 끝나면 집에 와서 컴퓨터 앞에 앉아 글을 써야 할 텐데, 술 약속이며 여러 가지 행사가 많으니 앉아있을 틈이 없다. 책을 만들기로 했다면 무작정 써야 한다. 책 만드는 과정을 우아하다고 생각하면 오산이다. 책을 만드는 과정은 지루하고 재미없고 좀 쑤시는 순간의 집합체다. 쉬고 놀면서 책을 만들 수는 없다.

어쨌든 마음을 다잡고 글을 쓰기 시작했다 치자. 그런데 좀처럼 탈고를 하지 못한다. 원고의 끝까지 달려 마침표를 찍는 사람은 생각보다 적다. 이건 또 왜일까.

용두사미龍頭蛇尾라는 말을 알 것이다. 처음에는 의욕을 가지고 글을 쓰기 시작한다. 머리에 담겨있는 게 많고 경험이 많으니 쓸 이야기도 넘칠 것이다. 그렇게 원고지 300여 장을 써나가다 보면, 재미가 없어진다. 지겹다. 내가 이걸 왜 쓰고 있나 싶다. 차츰 컴퓨터 앞에 앉는 일이 줄어들고, 결국 원고는 하드디스크 한구석에서 쓸쓸하게 낡아간다.

글쓰기와 책 만들기가 다르다는 것은 바로 이런 것을 두고 말하는 것이다. 글을 쓰는 건 몇 시간으로 충분하다. 하지만 하나의 책이 나오기까지는 수개월에서 수년이 걸릴 수 있다. 글을 써서 초고를 완성한다 해도 출판사와 의견이 맞지 않으면 절반을 날리고 다시 쓰는 일도 허다하다. 쓰기만 하면 끝이 아니다. 끝없는 퇴고와 교정교열이 기다린다. 실제로 내 첫 번째 책인 『가슴을 뛰게 하는 한마디』는 초고가 거의 완성된 상태에서 계약해서, 책이 나오기까지 7번을 뜯어고쳤고, 계약서에 사인을 한 지 1년 만에 책으로 나왔다. 글을 쓰고, 쓰고, 또 쓰고 고치고, 봤던 걸 또 보고 또 보니 나중에는 정말 신물이 날 것만 같았다. 그 지루하고 힘겨운 시간을 이겨내야 책이 나온다.

책은 원고의 마지막에 마침표를 찍어야 만들어진다. 대충 써서 내면 안 되냐고? 물론 그럴 수도 있다. 다만 대충 만든 책이 나올 뿐이다.

책을 만들기로 마음먹었다면, 끝을 볼 생각을 해야 한다. 마라톤에서 40km를 달렸다 해도 마지막 2.195km를 달리지 못하면 실격이다. 책도 마찬가지다.

집필기획서를 작성하라

말했지만 집필이란 노동집약적인 과정이다. 아무런 계획 없이 의식의 흐름에 따라 글을 쓰다 보면 삼천포로 빠지게 마련이고, 원래 생각했던 주제로 돌아오기까지 시간이 오래 걸리거나 주제가 바뀌어버리는 경우도 생긴다. 그것이 오히려 좋은 결과를 낳는 경우도 있지만, 때로는 불필요한 글을 쓰느라 체력을 소진해버려 책 만들기를 포기해버리는 결과를 낳기도 한다.

이럴 때를 대비해 집필기획서를 작성하는 것이 좋다. 거창할 필요는 없다. 남에게 보여주기 위한 것이 아니라 나의 길을 밝히기 위한 것이니까. 기획서에 기본적으로 포함되어야 할 내용은 다음과 같다.

① 제목 :

예비작가를 위한 출판백서(기획출판부터 독립출판까지, 내 책 출간의 모든 것)

② 기획 의도 :

한때 출판은 예술을 추구하는 작가나 지식인들만의 전유물이었다. 하지만 인쇄기술과 정보통신의 발달로 누구나 손쉽게 책을 출간할 수 있는 시대가 되었다. 예비작가들은 자신이 써 내려간 글이 하나의 책으로 엮이기를 바라지만 기획출판의 길은 멀고 결국 자비출판으로 큰돈을 쓰고 만다. 그렇게 나온 책은 하나도 팔리지 않고 창고에서 먼지만 쌓여간다. 따라서 저자는 기획출판과 자비출판, 셀프출판 등의 차이점에 대해 정확한 정보를 제공하고 어떻게 하면 완성도 높은 책을 합리적인 방법으로 출간할 수 있는지에 관해 이야기하고자 한다.

③ 콘셉트 :
예비작가들이 알아두어야 할 출판의 모든 것

④ 독자층 :
출간을 희망하는 예비작가 및 글쓰기를 좋아하는 모든 이

⑤ 유사 도서와의 차별성 :
출판사 입장에서의 출판이 아닌 작가 입장에서의 출판 방법에 대해 설명한다. 단순한 글쓰기 코칭이 아닌 실제로 책을 만들기까지 알아두어야 할 지식을 선별해 정리한다.

⑥ 목차 :
목차 참고

이렇게 집필기획서를 만들어놓고, 목차와 기획서를 벽에 붙여 놓으면 자극도 되고 글을 써나가야 할 방향이 명료해져서 쉽게 길을 잃지 않게 된다. 단, 집필기획서는 출판사에 투고하는 출간기획서와는 다르다. 출간기획서는 이보다 고려할 부분이 훨씬 많다.

당신의 일기를 돈 주고 사는 사람은 없다

골목 식당의 문제점을 진단하고 솔루션을 제시하는 예능 프로가 인기를 끌고 있다. 어느 막걸리집이 나왔는데, 정작 막걸리가 맛이 없었다. 주인은 자신이 만든 막걸리를 좋아했지만 대중적인 맛은 아니었다. 그래서 막걸리 제조법을 바꿔보자고 했더니, 주인은 자신의 막걸리가 마음에 든다며 고집을 부렸다.

이 상황을 본 시청자들은 막걸리 주인에게 좋지 않은 시선을 보냈다. 손님의 마음에 드는 음식을 내놓아야지, 주인의 입맛에만 맞춘 음식을 파는 건 옳지 않은 생각이라 했다.

책을 만드는 것도 마찬가지다. 작가는 항상 갈등한다. 하고 싶은 이야기를 하려는 욕망을 자제하지 못하기 때문이다. 문제는, 작가가 하고 싶은 이야기가 항상 독자들에게 만족감을 주지는 않는다는 것이다. 즉, 작가가 하고 싶은 말과 독자가 듣고 싶어 하는 말에는 간격이 있다.

예를 한 가지 들어보자. 나는 예전에 애완용 고슴도치를 키웠다. 2000년대 초반이었는데, 지금은 마트나 애완동물 가게에서 고슴도치를 쉽게 볼 수 있지만 당시만 해도 고슴도치를 키우는 사람이 꽤 드물었다. 나는 고슴도치들의 사진을 찍어 블로그에 올렸고, 사람들은 신기해하며 귀여워했다. 내가 올린 동영상이 네이버 메인화면에 올랐고, 그것을 본 KBS에서 찾아와 '쇼 파워비디오'라는 프로에 방송 출연까지 했다.

그 당시에 내가 책을 만들 생각이었다면, 당연히 고슴도치를 떠올렸을 것이다. 내 고슴이들의 귀여운 모습을 널리 알리고 싶었다. 그래서 고슴도치 이야기와 사진을 담은 책을 냈다고 치자. 서점에 책이 나왔다. 독자는 과연 그 책을 집을까?

아니다. 고양이 책을 집을 것이다.

대세는 고양이다. 대다수의 사람은 고양이나 개를 좋아하고, 특히 고양이의 일상이 담긴 책을 사랑한다. 고슴이도 귀엽다고? 맞는 말이다. 하지만 대부분의 독자는 고슴도치의 일상보다는 고양이의 일상을 궁금해 한다.

고슴도치의 귀여움을 보여주고 싶은 욕망이 넘친다면, 고슴도치 책을 내도 좋을 것이다. 나름대로 의미가 있는 책이다. 다만, 책이 많이 팔릴 거라고 장담은 하지 못한다. 내용과 제목과 편집에 따라 판매량은 달라지겠지만 아무래도 실패할 가능성이 높다.

고슴도치까지야 그렇다 치자. 지렁이의 일상을 보여주는 책이라면? 꼽등이의 귀여움을 어필하는 책이라면?

책을 만드는 것만으로 만족한다면 어떤 내용도 상관없다. 하지만 책을 팔겠다고 마음먹었다면 내가 쓰고 싶은 글보다 남이 좋아할 만한 글을 쓰는 것이 옳다. 내 입맛에 맞는 막걸리를 남에게 강요할 것이 아니라, 남의 입맛에 맞는 막걸리를 내놓는 게 옳다는 뜻이다. 적어도 남의 돈을 받고 팔 책이라면, 돈값은 해야 할 테니까 말이다.

자신이 가장 잘 아는 분야를 써라

나에겐 특이한 이력이 하나 있는데, 학사가 두 개다. 대학을 졸업하고 직장에 다니면서 서울디지털대학교 문예창작학과에 학사편입, 졸업했다. 문예창작학과에 다니는 동안 소설 창작 동아리 활동에도 참여했다.

동아리 활동을 하면서 교수님께 좋은 강의를 많이 들었는데, 그 중 한 가지가 바로 '자신이 가장 잘 아는 것을 써라.'였다. 글을 쓸 때 뭔가 재미있고, 획기적이고, 대단한 것을 쓰려다 보니 자신이 잘 모르는 분야를 취재해서 쓰게 되는데, 아무래도 남의 이야기를 듣거나 자료를 읽어서 알 수 있는 것은 한계가 있다는 것이다. 자기가 일한 것, 경험한 것, 가장 잘 아는 것에 대한 이야기는 특별히 꾸미지 않아도 생생하게 드러나기 때문에 처음 소설을 쓸 때 자신이 가장 잘 아는 분야를 쓰는 것이 좋다고 하셨다.

이는 글쓰기 전반에 걸쳐 진리가 되는 말이다. 책을 쓰고 싶다면 자신이 가장 잘 아는 분야에 도전하는 것이 좋다. 산전수전을 다 겪은 베테랑 작가야 어떤 주제를 던져줘도 잘 쓰겠지만, 책을 처음 만드는 예비작가라면 자신이 가장 잘 알고 자신 있는 분야에 출사표를 던지는 것이 여러모로 유리하다. 내용도 깊이가 있고,

원고를 쓰는 시간도 단축된다. 오류의 발생도 적다. 자신이 가장 잘 아는 분야 중에서 남들이 관심을 가질만한 것이 무엇인지 생각해보자.

처음부터 자세히 써라

한 권의 책은 어느 정도 분량의 원고로 이루어질까? 보통 책이 만들어지는 기준을 200페이지 정도로 잡는다. 물론 200페이지보다 적은 분량의 원고로 만들어진 책도 있지만, 두께가 얇아지기 때문에 보기에 좋지 않다. 일반적으로 280페이지 정도를 적당량으로 삼는다. 원고지로 치면 대략 800매 전후다.

여기서 질문을 하나 해보자. 초고를 1,100매 쓴 다음 800매로 줄이기가 쉬울까, 500매 쓴 다음에 800매로 늘리는 게 쉬울까?

사람에 따라 다르겠지만, 필자의 경우 많은 분량의 초고에서 덜어내며 정리하는 것이 쉬웠다. 물론 애써 써놓은 글들을 지워버려야 하는 아픔이 있지만, 그것만 참으면 어렵지 않게 분량을 맞출 수 있었다. 또한 덜어낼 것이 없다면 1,100매 그대로 책을 낼 수도 있다. 그 반대의 경우라면 어떨까? 일단 원고지 500매는 책으로 내기에는 분량이 좀 아쉽다. 그렇다고 해서 500매로 완성된 초고에 300매를 더하는 게 쉬운 일이 아니다. 자칫하면 괜히 사족만 장황하게 늘어놓아 지루한 글이 될 수 있다. 글을 쓸 때의 감정은 두 번 돌아오지 않는다. 쉽게 말해 '필 받았을 때' 써야 줄줄 나오지, 그 감정이 끊긴 상태에서 다시 글을 쓰려고 하면 턱턱 막히면서 진도가 나가지 않는다.

좋은 책과 평범한 책을 가르는 미묘한 차이는 디테일에 있다. 수박 겉핥기식이 아니라 독자가 궁금해 하는 그 깊숙한 곳을 정확히 찔러야 하고, 풍부한 예시와 비유로 이해를 도와야 한다. 글을 쓰다보면 진도 나가는 것에 급급해서 자세한 설명을 놓치는 경우가 있는데, 그런 사소한 차이가 좋은 책으로 가는 길을 가로막게 된다.

글을 쓸 거라면 처음부터 자세히, 많이 쓰는 것이 좋다. 조금 필요 없는 사족 같은 이야기라도 나중에 쓸데가 있고, 쓸데가 없으면 그냥 지워버리면 되니 신경 쓸 필요 없다. 더하는 건 어려워도 덜어내는 건 수월하다는 것을 잊지 말자.

처음에는 뼈대만 만들어라

이건 또 무슨 말인가. 방금 최대한 자세히 쓰라고 하지 않았던가. 그런데 이제 와서 뼈대부터 쓰라고?

글을 쓰는 스타일은 사람마다 다르다. 처음부터 자세히 쓰고 나중에 덜어내는 방식이 효율적이라 했지만, 사람에 따라서는 너무 자세히 쓰다가 지쳐버리는 수도 있다. 자신이 쓴 글이 마음에 들지 않은 사람도 있다.

소설을 쓰다 보면 원고지 300매쯤 썼을 때, '이건 아니야.'라는 생각이 들 때가 있다. 마음에 안 드는 것이다. 이대로 썼다가는 재미 하나 없는 소설이 될 것 같다는 불안함이 엄습한다. 그래서 다시 쓴다. 다시 썼는데도 마음에 들지 않는다. 또 고친다. 그렇게 초반부 300매만 수정하다 결국 버리는 원고가 많다.

책도 마찬가지다. 글을 쓰다 보면 마음에 안 들 수 있다. 글쓰기가 싫어진다. 이때 멈추면 지금까지의 노력은 물거품이 되는 것이다. 이런 사람에게 필요한 것이 바로 뼈대 글쓰기다. 일단 속도를 내서 중요한 내용, 즉 내용의 흐름만 정리하는 것이다. 일단 뼈대가 만들어지면 천천히 살을 붙이면 된다.

이 방식은 용두사미 스타일의 작가에게 어울린다. 아예 사두사미를 만들어버리고, 살을 붙여서 근사한 용을 만드는 것이다.

글을 쓰다 보면 자신만의 스타일을 파악하게 된다. 자신의 스타일에 맞는 글쓰기 방식을 찾아 써보자.

거시적인 것을 미시적으로 바라보라

책을 쓸 때는 자신의 글이 어떤 부류에 속해있는지를 알아야 한다. 정보를 전할 것인가, 정서를 전할 것인가.

정보를 전하는 책의 대표는 교과서다. 수험서나 포토샵 설명서 등도 여기에 속한다. 정보를 전하는 책은 중요한 부분을 빠짐없이 기술해야 한다. 가능한 모든 정보를 전해야 하기 때문이다.

하지만 정서를 전하는 글은 다르다. 모든 정보를 전할 필요도 없고, 그것을 목적으로 하지도 않는다. 지식서라 하더라도 정서에 방점을 둔 책은 모든 지식을 열거하지 않는다.

내가 활동하던 카페 회원으로부터 출간기획서를 살펴봐달라는 부탁을 받았다. 현직 트레이너이고 헬스 관련 지식과 이해도가 매우 높았다. 네이버 포스트에서도 활동하셨는데, 그때 당시 같이 활동하던 몇 분도 책을 냈다고 했다. 그중 한 분이 쓰신 책이 '트레이너 남편 양영민' 님의 『산후 홈트』였다. 제목을 보자마자 '아, 이거 팔린다.'는 생각이 들었다. 온라인서점에 검색해보니 역시나 많은 사랑을 받은 책이었다.

『산후 홈트』가 히트를 친 이유는, 정서를 전했기 때문이라 생각한다. 웨이트 트레이닝이라 하면 근육 형성의 이론과 운동방법,

영양 등에 대한 내용이 나오는 것이 일반적이다. 이런 것은 정보를 전하는 책의 내용이다.

하지만 『산후 홈트』는 정보 전달보다는 정서 전달의 메시지가 크다. 여성의 몸이 가장 망가질 때가 언제일까? 바로 임신과 출산 시기다. 체형의 변화로 자존감이 바닥이지만 막상 육아 때문에 마음대로 체중조절을 하거나 운동을 할 수도 없다. 그럴 때 『산후 홈트』라는 책 한 권만 옆에 있어도 마음에 위안이 될 수 있다. 비록 정말 살이 빠지거나 몸매가 좋아지지 않더라도, 책을 읽고 한두 가지 자세를 따라 하는 것만으로 만족감을 줄 수 있다는 것이다. 이것은 정보가 아니라 정서의 충족이다.

나는 또한 '거시적인 것을 미시적으로 바라보라.'라는 말을 좋아한다. 전쟁을 예로 들어보자. 어느 전투에서 200명이 사망했다는 소식을 들어도 크게 와 닿지 않는다. 그런데 전사자 중 친한 친구가 있었다면 어떨까? 이제는 남 이야기가 아니다. 만약 그 친구와 내가 함께 군인으로서 전투를 하고 있었다면, 그 친구가 총탄에 맞아 쓰러지는 것을 내 눈으로 목격했고 그를 살리기 위해 빗발치는 총알 사이로 그를 업고 뛰었다면, 그의 이마에서 흘러내린 핏물이 내 뺨을 적셨다면 어떨까.

거시적인 글이 정보를 제공하는 것이라면, 미시적인 묘사는 일부의 정보에 정서를 담는 행위다. 거시적인 상황을 미시적으로 파고들 때 글은 생생해진다. 웨이트 트레이닝 전반에 대한 정보가 아닌, 출산한 아내를 위해 해줄 수 있는 몇 가지 운동법이 더 인기를 끄는 건 그런 이유가 아니었을까.

교과서가 아닌 이상, 이 세상의 모든 정보를 담을 필요는 없다. 책에도 선택과 집중이 필요하다.

Chapter 2
내 책 좀 만들어주세요

나는 신춘문예 당선을 꿈꿨다

20여 년 전, 그러니까 내가 대학생일 때, 나는 작가가 되고 싶었다. PC 통신 하이텔 문학 동호회에서 활동하면서 많은 글을 썼다. 돌이켜 생각해보면 참 형편없는 소설과 수필이었는데, 그때는 내가 글을 잘 쓴다고 생각했다. 그래서 내 목표는 항상 신춘문예 당선이었다. 주제를 모르니 겁도 없었다.

낙선되고 난 후, 도대체 어떤 글이 대상을 받았나 싶어 수상작을 읽어봤다. 대단히 특별하지도 않았다. 내가 보기에는 내 소설이 더 임팩트가 있었다(사실은 임팩트가 아니라 중2병스러운 오글거림이었지만 그때는 그걸 몰랐다). 도대체 내 소설이 뭐가 부족하단 말인가. 이해할 수 없었다.

섣부른 일반화일지 모르지만, 당신의 글은 당신이 생각하는 것보다 엉성하다. 그리고 당신이 기대하는 것보다 재미없다. 물론 재미있고 흡입력 있는 글을 쓰는 사람도 있을 것이다. 하지만 당신이 그런 사람일 확률은 1%도 안 될 것이다. 대부분은 글쓰기를 좋아하는 평범한 99%의 글쟁이일 뿐이다. 나 또한 마찬가지다.

만약 당신이 그 1% 안에 든다면, 당장 블로그나 페이스북에 글을 연재하는 것이 좋다. 방문자가 폭발하면서 출판사에서 당신의 원고를 얻기 위해 안달복달할 테니까. 하지만 블로그에 아무리 글을 올려도 방문자가 지지부진하다면, 당신의 글은 재미가 없는 것이다. 홍보가 안 돼서 그렇다고? 핑계다. 사람들은 재밌는 거라면 알아서 소문내고 알아서 찾아온다.

안타깝게도 나는 신춘문예에 당선된 적이 없다. 20년 전이었다면 아마 나는 책을 내는 출판 작가가 되지 못했을 것이다. 하지만 지금은 세상이 바뀌었다. 예전에는 1등만 책을 낼 수 있었다면 지금은 2등, 10등도 책을 내는 세상이다. 신춘문예만이 작가의 등용문이 아니고, 글을 올리고 알릴 방법은 널렸다. 책을 만드는 것도 마찬가지가 되었다. 더 이상 신춘문예에 당선되지 않아도 작가가 될 길이 열린 것이다.

엄청나게 재미있지 않아도, 문학적으로 뛰어나지 않아도 당신만의 메시지를 담고 있는 글이라면 충분히 출판할 가치가 있다. 1% 안에 들지 않았다고 낙심하지 말자. 출판의 기회는 언제나 열려있다. 아직은 엉성한 글이라도 다듬다 보면 좋아지게 마련이다. 요즘은 형식보다 내용을 더 중요시하기도 하니, 지레 겁먹고 포기하지 말자.

훨씬 낮아진 출판의 문턱

예전에는 출판 작가라 하면 사람들이 존경과 선망의 눈길로 바라보곤 했다. 내가 풋내기 습작생이었을 때, 동호회 활동을 하던 분 중 일부는 출판 작가였다. 그 사람들이 어찌나 부러웠던지. 자신의 이름으로 만들어진 책이 세상에 존재한다는 것은 정말 자랑스러운 일이었다. 출판 작가란, 정말 일반인과는 다른, 구름 위의 존재 같은 것이었다.

하지만 지금은 그렇지 않다. 책을 만드는 게 너무나 쉬워졌다. 인쇄 및 편집 디자인 기술의 발전은 출판의 문턱을 낮추다 못해 아예 부숴버렸다. 출판사는 넘쳐나고 좀 팔릴 것 같은 기획안이 있으면 너도나도 책을 내자고 달려든다. 책을 내달라는 출판사가 없다면? 자비출판 하면 된다. 작가 소리 듣기 참 쉬운 세상이다.

예전에는 문학성, 예술성이 뛰어난 문학가와 전문 지식의 대가들만 책을 낸다는 인식이 있었는데, 요즘은 전혀 그렇지 않다. 판매량만 많다면 대중성의 허울을 뒤집어쓴 수준 낮은 글들도 책으로 출판되는 실정이다. 예술성이 떨어져도 재미만 있으면 된다는 식이다.

이렇게 낮아진 출판의 문턱은, 예비작가에게는 좋은 기회가 될 수도 있고, 때로는 독이 든 사과일 수도 있다. 아직 기반이 다져지지 않고 여물지 않은 작가가 조급함을 못 이기고 섣불리 책을 냈다가는 화를 입을 수도 있다. 하지만, 세상의 흐름으로부터 비껴났지만 자신만의 개성을 가지고 있는 작가라면 그 꿈을 펼치기에 아주 좋은 세상이기도 하다. 낮아진 문턱을 잘 이용하되, 성급해서는 안 된다.

문턱이 낮아진 만큼 출판이 쉬워졌지만 그만큼 경쟁도 심해졌다. 진입장벽이 낮아졌다는 것은 경쟁자도 많아진다는 것이다. 1쇄의 기준이 3,000권에서 2,000권으로, 또 1,000권으로 낮아지고 있다는 것은 그만큼 출판시장이 악화되고 경쟁이 심해졌다는 의미다. 1쇄를 다 팔지 못하고 폐기하는 경우도 많고, 신간이 나오기만 하면 매대에 오르던 시대는 이미 지난 지 오래다. 진입은 쉬워졌지만 성공은 어려워진 것이다.

내 책은 잘 팔릴 거야, 망상

근자감이라는 말이 있다. '근거 없는 자신감'의 줄임말인데, 저자 중에는 이러한 근자감에 빠져있는 사람들이 많다. 바로 '내 책은 잘 팔릴 거야.'라는 근자감이다.

자신이 쓴 글을 읽어보면 너무 재미있고 훌륭해서 이렇게 좋은 글을 왜 알아주지 않지 싶을 때가 있다. 책만 나오면 10,000부 판매는 우스울 것 같다. 하지만 현실은? 초판 인쇄도 다 팔지 못하는 경우가 허다하다. 현실과 이상의 괴리는 왜 생길까?

애정의 문제다. 저자는 자신이 쓴 글에 애정이 있기 때문에 더 예뻐 보이는 것이다. 하지만 독자들은 처음 보는 책이나 글에 애정을 가질 이유가 없다. 애정을 느낄만한 매력이 있어야 하는데, 그렇지 않다면 그냥 지나칠 뿐이다.

내 책은 정말 잘 팔릴 거야. 이건 망상이다. 물론 정말 잘 팔리는 책도 있겠지만 상당수는 그냥저냥 팔리고, 대부분은 망한다. 특히 자비출판을 했다면 책이 팔리는 건 기대하지 않는 편이 좋다.

그렇다면 판매량을 늘리기 위해 어떻게 해야 할까? 무엇보다도 책으로서의 가치가 있어야 한다. 책을 봤을 때 눈길을 끌 수 있는 부분이 있어야 하고, 내용이 너무 좋아 다른 사람에게 추천하고 싶어야 한다. 과연 그런지 자신의 책을 돌이켜보기 바란다. 정말로 그렇다고 생각하면 열심히 써서 꼭 책으로 만들어야 한다. 그렇지 않다면, 무엇이 문제인지부터 다시 되짚어볼 필요가 있다.

출판 방식에는 여러 가지가 있다

지금까지 여러 가지 이야기를 했지만, 정작 책을 내고 싶은 예비작가들은 '그래서 도대체 언제 책 만드는 이야기를 해줄 건데?'라고 생각할 것이다. 이제부터 출판에 대한 이야기를 해보도록 하자. 출판에는 여러 가지가 있다. 그냥 책 만들면 되지 무슨 여러 가지가 있느냐고 묻겠지만, 일단 형식에서도 약 8가지 정도 된다. 하나하나 간단히 소개해보도록 하겠다.

■ 기획출판

가장 이상적인 출판이라 할 수 있다. 편집자가 기획하고, 작가가 글을 지으면 출판사는 그 글을 책으로 엮어 판매한다. 그리고 인세를 작가에게 지급한다. 일반적으로 서점에서 볼 수 있는 책은 대부분 이런 형식으로 만들어진 것으로 생각하면 된다.

■ 자비출판

기획출판이 불가할 시 차선책으로 선택되는 출판 방식이다. 작가가 글을 짓고, 출판 비용을 내면 출판사가 책을 만든다.

물론 서점에서 판매할 수도 있다. 다만, 기획출판이 되지 않았다는 것은 책의 판매량이 많지 않을 것이라는 예상 때문이었을 테고, 출판사는 마케팅에 큰 관심을 두지 않는 경우가 대부분이다.

■ 반기획출판

요즘 들어 반기획출판이라는 새로운 출판 형태가 나타났다. 합작 출판, 협력출판이라고 부르기도 한다. 아이템이 참신하거나 좋은 원고임에도 불구하고 기획출판을 하기에는 단점이 있을 때, 출판사와 작가가 책 제작비용을 분담하는 방법이다. 출판사 측이 기획, 디자인 및 홍보에 투자하고 저자가 제작비를 부담하기도 한다. 어쨌든 기획출판의 일환이기 때문에, 저자로서는 출판사가 원하는 대로 원고를 수정해야 하는 부담감이 있다. 위험을 서로 나누어 가질 수 있다는 장점이 있지만, 작가의 입장에서는 돈은 돈대로 들어가고 책은 내 맘대로 쓸 수 없는 상황이 발생할 수 있다.

■ 셀프출판

기술의 발전은 굳이 출판사를 통하지 않고도 책을 만들 수 있는 시대를 이끌었다. 원고만 있으면 출판사에서 제공하는 서식에 글을 복사해 넣은 다음, 표지를 골라 인쇄를 요청하면 된다. 예전처럼 오프셋인쇄로 수천 부를 찍을 필요도 없다.

POD(Publish On Demand) 방식의 출판을 통해 단 한 권의 책도 만들어낼 수 있게 되었다. 출판의 문턱을 대폭 낮추는 데 공헌했지만, 출판물의 질적 하락을 주도하기도 했다.

■ 1인 출판

자비출판과 셀프출판을 고려하다 보면 아예 그냥 출판사를 만들어 버리는 게 낫겠다는 생각이 들고, 실제로 출판사를 차리기도 한다. 혼자서 책을 만드는 게 불가능하지 않은 세상이다. 디자인 프로그램이 발전해서 조금만 공부하면 원고를 편집할 수 있고, 디자이너에게 외주를 줘도 된다. 유통도 대행사를 통해 할 수 있다.

■ 독립출판

출판계에도 시스템이 있다. 국제표준도서번호(ISBN)라는 것을 받아야 일반 서점에서 판매할 수 있고, 도서관에도 납품된다. 하지만 요즘은 이러한 시스템을 벗어난 책들도 나오고 있다. ISBN을 받지 않고 서점에서 판매하지도 않는다. 대신 독립책방이나 인터넷을 통해 판매한다. 출판계에서 보기 힘든 개성적인 책들이 많이 나오고, 도서정가제 예외이기 때문에 할인 및 사은품 제공이 자유로운 장점이 있다.

■ 전자책 출판

출판 비용 중 상당히 큰 몫을 하는 것이 바로 종잇값 및 인쇄비다. 다른 건 다 줄일 수 있어도 이건 줄이는 데 한계가 있다. 하지만 전자책은 이러한 비용으로부터 벗어난다. 저자로서는 조금 더 다가가기 쉬운 방식이라 할 수 있다.

■ 제본

POD를 통한 셀프출판이 각광을 받고 있는데, 이들 중에는 ISBN을 받지 않는 것도 많다. 즉, 책은 만들되 시중으로 유통은 하지 않겠다는 것이다. 좋게 말해서 셀프출판이지만 사실 예전부터 '제본'이라는 방식으로 많이 이뤄져 왔던 개인 소장용 책일 뿐이다. 다만 이렇게 만들어진 책도 판매를 목적으로 한다면 독립출판의 일부로 볼 수도 있다.

출판 방식에 대해 정말 간단하게 설명해보았다. 각각의 출판 방식에 대해서는 이후의 챕터에서 차근차근 설명할 예정이다.

책을 무엇에 쓸 것인가?

책을 만들기로 마음먹었으면, 먼저 생각해봐야 할 것이 있다. 책을 만들어서 무엇에 쓸 것인가?

당연히 읽기 위해 만든 책이겠지만, 그 용도는 제각각이다. 서점을 통해 독자에게 판매하기 위한 책이 있고, 판매보다는 주변 지인들에게 선물해주기 위해 만드는 책도 있다. 나 혼자 간직하고 싶을 수도 있다. 그 목적에 따라 출판의 방식이 달라진다.

가장 바람직한 것은 아무래도 기획출판일 수밖에 없다. 전문가의 기획과 편집, 디자인이 들어간 책을 전문 마케터가 홍보해 판매한다. 저자는 돈 들어갈 데가 없고, 오히려 인세를 받게 된다.

하지만 모든 원고가 기획 출판되는 것은 아니다. 출판사는 자선단체가 아니고 땅을 파서 돈이 나오는 것도 아니기 때문에 팔릴 거라는 확신이 드는 책만 출간하게 된다. 편집자의 마음을 사로잡지 못하면 정성 들여 쓴 원고라도 퇴짜를 받을 수밖에 없다.

아무리 노력해도 원고 채택이 안 된다면, 그다음으로 돌아보는 것이 자비출판이다. 남이 출간해주지 않는다면 내 돈을 내서라도 출간하겠다는 건데, 말했듯이 기획출판이 되지 않은 원고이기 때문에 뭔가 판매상의 하자(?)가 있는 경우가 태반이다. 지나치게 전문적이어서 책을 읽을 독자가 적거나, 인기가 없는 분야의 책이거나, 기획이 잘되지 않은 평범한 시나 에세이 등이다. 물론 진흙 속의 진주처럼 개중에는 편집자의 눈에 띄지 않은 보석 같은 원고도 있을 수 있지만, 대부분은 아니다. 출판사로부터 수많은 거절 후 천신만고 끝에 출간했다가 빅 히트를 친 『해리 포터』나 『영혼을 위한 닭고기 수프』 등을 들먹이며 내 원고의 가치를 편집자들이 몰라준다고 하는 사람도 있는데, 미안하게도 현실을 직시하지 못한 착각이 대부분이다.

하지만 그렇다 하여 책으로 만들어질 가치가 없는 것은 아니다. 세상에 베스트셀러만 존재해야 한다는 법이 어디 있는가. 자신이 그동안 정성껏 써왔던 수필들이 하나의 책으로 엮이는 순간은 이 얼마나 아름다운가. 그 책이 수만 명의 독자를 감동시켜야 한다는 의무는 없다. 그저 나와 지인들에게 행복을 주기만 해도 충분히 가치가 있지 않을까.

자비출판은 이럴 때 빛을 발한다. 약간의 비용을 들이면 출판사를 찾아다니고 편집자와의 의견 충돌이 생기는 스트레스를 피할 수 있다.

나만의 책을 만들 수도 있다. 남에게 보여주기 싫은 나만의 이야기를 담은 단 한 권의 책. 인생에 있어 이 얼마나 소중한 선물인가. 이럴 때는 셀프출판도 나쁘지 않다. 저렴한 비용에 좋은 추억을 남길 수 있으니까.

책을 만들 때는 이 책을 무엇에 쓸 것인가를 먼저 생각해야 한다. 기획출판이 가장 선호되고 바람직한 출판 방식이지만, 책의 목적에 따라 다른 출판 방식이 더 좋은 결과를 낼 수도 있음을 잊지 말자.

흑역사를 만들지 말라

국제표준도서번호(ISBN)에 관해 이야기를 했는데, 판매를 목적으로 하는 모든 책은 ISBN이 있어야 한다(독립출판 제외). 즉, ISBN이 없는 책은 '출판물'로 취급되지 않는다. 그렇다면 어떤 책을 내든 ISBN을 받아야 하지 않나 싶을 것이다.

하지만 꼭 생각해볼 것이 있다. 지금 내놓으려 하는 책이 완성도가 높고 가치 있는 책이라면 당연히 ISBN을 받아야 할 것이다. 하지만 큰 고민 없이 쓴 글이나 완성도가 떨어지는 책이라면, 혹은 판매가 아닌 개인 소장을 위해 만든 책이라면 ISBN을 받는 것에 대해 재고할 필요가 있다.

ISBN은 일종의 주민등록번호다. 한국에서 사람이 태어나면 주민등록번호를 받듯이, 책이 태어났을 때 받는 번호가 ISBN이다. 이것은 어떻게 해도 바꾸거나 지울 수 없는, 영원한 번호다.

책이 세상에 나오면 그 책에 대한 책임은 전적으로 저자에게 있다. 그저 책을 갖고 싶다는 급한 마음에 ISBN을 발부받았다가, 세월이 흐른 후에 조잡한 책의 내용이 부끄러워 취소하고 싶어도 할 수가 없다.

20대 초반에 시를 쓴 적이 있다. 당시에는 조금 오글거리는 시가 유행이었는데, 그 흐름을 타 남에게 말하기 부끄러운 표현이 많은 시였다. 그래도 다 쓰고 나니 시집으로 엮고 싶은 욕심이 들었다. 출판사 몇 곳에 투고했는데 한 출판사에서 연락이 왔다. 만나서 이야기를 해보고 싶다는 것이었다.

덜컥 연락이 온 것이 신기하기도 하고 해서 출판사에 찾아가 미팅을 했다. 하도 오래전 일이라 잘 기억은 안 나지만, 출판사 대표님은 내 시에 대해 이런저런 조언을 해주셨고 앞으로 잘 해보자는 이야기를 나누고 헤어졌다.

결론적으로 말하자면 그 시집은 출판되지 않았다. 계약서에 사인하지 않은 상태였고, 나 스스로 원고가 탐탁지 않아 출판사에 연락을 취하지 않았다. 결국 더 이상의 진척은 없었다.

그 시집의 제본판은 아직도 내 서랍 안에 들어있다. 아쉽지 않으냐고? 절대 그렇지 않다. 그 시집이 출판되었다면 아마 내 인생 최고의 흑역사가 되었을지도 모른다. 가끔 꺼내 읽다 보면 얼굴이 달아올라 금세 책장을 덮게 되니까.

책을 낼 때는 나중에 스스로 부끄러워할 책은 아닌지 잘 생각해봐야 한다. 만약 그럴 것 같다면 ISBN을 받는 것은 좀 미루는 것이 좋다. ISBN은 언제든지 신청할 수 있지만, 한번 신청하면 되돌릴 수 없다.

가치 없는 책은 사기행위다

물건을 살 때 우리는 광고를 보거나, 제품 앞에 붙어있는 제원과 설명을 읽고 구매를 결정한다. 가격표도 꼼꼼히 따진다.

책도 마찬가지다. 제목을 읽고, 목차를 확인하고, 앞부분을 읽어보고 마음에 들면 구매한다. 하지만 책의 구매에 있어 문제가 되는 것은, 모든 내용을 확인하고 구매할 수 없다는 것이다.

가장 기본적인 것은 오탈자다. 오탈자가 많으면 책으로서의 가치가 훼손된다. 모니터로 치면 불량 화소가 몇 개 있는 거나 마찬가지다. 사용을 못 하는 건 아니지만, 신경이 많이 쓰인다.

내용이 부정확하거나 오류가 많은 것도 문제다. 정확한 문헌을 찾아보지 않고 인터넷에 떠도는 이야기를 그대로 인용하다 보니 엉뚱한 정보가 제공될 수 있다.

책의 제목과 내용이 일관성 있어야 한다. 제목에 이끌려 책을 샀는데 제목만 그럴듯하고 전혀 다른 이야기가 들어있으면 안 된다.

그 외에도 지나치게 편향되거나 왜곡된 글, 지극히 개인적인 견해, 눈살이 찌푸려지는 내용 등을 담은 책이라면 좀 곤란하다.

독자는 돈을 주고 책을 사서 읽는다. 차이는 있겠지만 요즘 나오는 책은 대부분 13,000원 이상이다. 적은 돈이 아니다. 돈을 받고 책을 파는데 불량품을 판다면 그건 사기행위다. 적어도 13,000원의 가치가 있는 내용이어야 하고, 오탈자나 인쇄 불량 등 독자를 불편하게 할 수 있는 것을 사전에 최대한 방지하는 것이 독자에 대한 기본적인 예의다. 셀프출판의 발전으로 인해 제대로 교정교열도 되지 않은 수준 낮은 글이 책으로 나오는 경우가 허다한데, 자신의 양심을 걸고 가치가 있는 책을 만들어 파는 것이 중요하다고 생각한다.

Chapter 3
책은 어떻게 만들어지나요?

책이 만들어지는 8단계

책을 만들기 전에 알아두어야 할 것이 있다. 바로 책이 어떻게 만들어지는가 하는 것이다. 물론 기획출판을 준비하고 있다면 몰라도 전혀 상관없다. 출판사에서 알아서 할 테고, 작가는 출판사가 원하는 대로만 하면 될 테니까. 하지만 기획출판이 아닌 다른 형태의 출판을 준비하는 예비작가들에게는 필히 알아두어야 할 정보라 할 수 있다. 책이 만들어지는 8단계는 다음과 같다.

기획 - 집필 - 교정교열 - 편집 - 내지 및 표지 디자인 - 인쇄 - 배본 - 홍보

이 8가지 외에도 자잘한 것들이 있지만, 일단 가장 필요한 것만 모아놓은 것이 이것이다. 먼저 책이 나아가야 할 방향을 정해야 한다. 그것을 기획이라 한다. 쉽게 말하자면, '이 책이 세상에 나와야 하는 이유'다. 책의 콘텐츠를 결정하는 데 가장 중요한 단계다. 기획이 정해지면 작가가 글을 쓴다. 글을 쓰는 과정에서 편집자와 의견 조율이 이루어지고, 필요하다면 원고의 수정이 이루어진다. 원고의 집필이 끝나면 교정교열을 하는데, 편집자가 직접

하는 경우도 있고 윤문 및 교정교열 전문가의 손을 거칠 수도 있다. 교정교열이 끝나면 편집자가 편집하고, 디자인으로 넘어간다. 이 또한 전문 디자이너에 의해 이루어지지만 요즘은 디자인 프로그램이 발달해서, 1인 출판사의 경우 편집자가 디자인까지 해결하기도 한다. 디자인이 끝나면 인쇄하고 서점에 유통해 판매한다. 판매량을 늘리기 위해 홍보를 한다.

얼핏 보기에는 매우 쉬운 일처럼 느껴질지도 모른다. 하지만 단계마다 사소한 차이가 매우 큰 결과를 낳기 때문에 하나도 가볍게 여길 수 없다. 특히 기획출판이 아닌 자비출판의 경우, 편집자나 디자이너가 큰 관심과 노력을 기울이지 않는 경우가 있기 때문에 저자가 챙겨야 할 부분이 많다.

각 단계에 대해 하나씩 자세히 이야기해 보자.

기획이란 무엇인가?

책을 만들 때 기획이라는 게 필요하다는 것을 모르는 사람도 많을 것이다. 내가 젊은 시절 소설 쓰기에 입문했을 때, 장편소설을 쓰기 전에 시놉시스를 준비해야 한다는 것을 몰랐던 것처럼 말이다. 물론 시놉시스가 없이도 머릿속에 담긴 이야기를 완벽하게 풀어내는 사람도 있지만, 일반적인 경우는 아니고 그냥 그 사람이 천재일 뿐이다.

이 글은 천재를 대상으로 하지 않기에, 책을 쓰기 전에 준비해야 하는 '기획'에 대해 조금 자세히 이야기해보고자 한다.

책을 만드는 목적은 판매에 있다. 팔리지 않는 책은 종이 더미에 불과하다. 출판사는 책을 팔아 얻은 수입으로 운영을 지속한다. 팔리지 않는 책을 만든다는 건 출판사를 도산시키겠다는 말과 다를 바 없다. 그렇기에 편집자들은 '어떻게 하면 많이 팔리는 책을 만들 수 있을까?'를 항상 고민하고 책이 나아가야 할 방향을 미리 잡아놓는다.

만약 이 글을 책으로 쓴다면 기획 콘셉트는 무엇일까?

기획출판부터 자비출판, 셀프출판까지 경험한 저자가, 첫 출판의 꿈에 부풀어있는 예비작가로 하여금 냉정한 출판 현실을 뛰어넘어 자신의 책 한 권을 만들어낼 수 있게 도와주는 책

이런 것을 기획이라 한다. 이 책이 어떠한 내용을 담고 있는지, 어떠한 방향으로 나아갈 것인지를 정해놓는 것이다. 만약 기획안을 짰을 때 책으로서의 가치가 없거나, 흥미로운 주제가 아닌 경우 집필을 중단해야 한다. 괜한 헛수고가 될 수 있고, 애써 쓴 원고를 왕창 수정해야 하는 경우가 발생하기 때문이다. 기획안을 짤 때는 어떻게 하면 독자의 이목을 끌 수 있을지, 얼마나 독자들에게 도움을 줄 수 있는지를 늘 생각해야 한다. 기획안은 전쟁에 있어서 '전략'이라 볼 수 있다. 아무런 전략도 없이 돌진하다가는 적의 함정에 빠져 몰살당할 뿐이다.

교정교열의 중요성

소개로 만난 사람의 셔츠에서 빨간 김칫국물 얼룩을 발견했다면 어떨까? 실수로 흘렸을 수도 있으니 크게 개의치는 않을 것이다. 자세히 보니 눈에 조그맣게 눈곱이 끼어있다. 멀리서 봤을 때는 몰랐는데 앞에 앉아보니 노란 눈곱이 자꾸 거슬린다. 넥타이도 오른쪽으로 조금 돌아가 있다. 목의 주름에 있는 저 까만 게 설마 때는 아니겠지. 그때 상대방이 씩 웃는다. 이 사이에 고춧가루가 끼어있다. 오마이갓.

이에 고춧가루가 끼어있다고 해서 그 사람이 변하는 것은 아니다. 그의 성품도 달라질 게 없다. 그는 원래 아주 깔끔한 사람이지만 오늘 바쁜 일이 있어서 식사 후 양치를 제대로 못 했을 수도 있다. 하지만 이미 그에 대한 인식은 끝장나버렸다.

책도 마찬가지다. 책의 내용이 아무리 훌륭하다 해도 오타나 띄어쓰기 오류가 너무 많다면 책의 수준을 의심받을 수 있다. 비문 또한 마찬가지다. 형식을 갖춘 글을 쓰지 못하는 작가가 과연 내용을 충실하게 채웠을까 하는 의문이 들게 마련이다. 책에 대한 신뢰가 사라진다.

교정교열은 책을 만드는 데 있어 꼭 필요한 과정이다. 맞춤법

오류를 교정하고, 읽기 편한 매끄러운 문장으로 바꾸는 과정이 필요하다. 대부분은 작가가 퇴고 과정에서 하는 일이지만, 작가의 글쓰기가 서툰 경우 윤문 전문가가 손을 보기도 한다. 또한 책을 만드는 과정에서 교정교열 전문가의 수정이 꼭 필요하다.

맞춤법 교정은 책의 신뢰도를 높이는 방법이기도 하지만, 독자에 대한 예의이기도 하다. 책을 팔 때는 돈을 받는다. 사람으로 치면 단순한 소개팅 자리가 아니라 사업상의 만남이라는 이야기다. 고객과의 미팅 자리에 세수도 양치도 안 하고 나가는 것은 무례한 일이다. 교열 전문가의 도움을 받기 힘들다면 온라인 맞춤법검사기(speller.cs.pusan.ac.kr)나 네이버 맞춤법검사기를 통해 기본적인 맞춤법을 확인해야 한다.

제목은 얼굴이고, 표지는 몸매다

책의 내용만 좋으면 장땡이라 생각할 수 있지만, 세상이 또 그렇지만은 않다. 패션의 완성은 얼굴이라고 하지 않던가. 보기 좋은 떡이 먹기에도 좋은 법이다.

서점에 들어서면 수많은 책이 눈에 들어온다. 그중에서 내 지갑을 여는 책은 한두 권뿐이다. '프로듀스101'이 아니라 프로듀스수만권이다. 수만 권의 책 중에서 내 가방에 들어올 단 한 권의 책은 무엇일까. 어떤 기준으로 뽑히게 될까.

책을 딱 봤을 때 가장 먼저 눈에 들어오는 것은 제목이다. 사실 제목이 거의 모든 것을 좌우한다. 제목이 흥미롭지 않으면 책을 들어보지도 않게 된다. 『아프니까 청춘이다』, 『죽고 싶지만 떡볶이는 먹고 싶어』. 이 얼마나 흥미로운 제목인가. 흥미가 당기면 책을 들어보게 된다. 이때부터가 시작인 것이다. 인터넷에 올라왔던 글 중, 회자되는 것이 있다.

A : 연애에 있어서 사람의 외모란 운동경기로 말하자면 지역대회 예선에 불과하다. 그 사람의 내면이야말로 진정한 본선무대라 할 수 있지.

B : 즉, 내면을 갈고닦으라는 것이군요!

A : 아니. 지역대회 예선을 통과하지 못하면 본선에는 진출할 수 없다는 거지.

책도 마찬가지다. 책에 있어 제목이란 예선경기다. 예선을 통과하지 못하면 책은 손에 들려지지 않고, 당연히 구매로 이어지지 않는다.

두 번째로 눈에 들어오는 것은 저자다. 자신이 좋아하는 저자이거나 유명한 연예인, SNS 스타라면 손이 가게 마련이다. 하지만 이 글을 읽는 대부분의 작가는 이에 속하지 않을 테니 패스하도록 하자(지나친 팩트폭력을 가하는 것 같아 마음이 쓰리지만, 이해해주기 바란다).

세 번째는 표지다. 제목이 단순해도 표지가 강렬하거나 예쁘면 눈길이 가게 마련이다.

책을 사람에 비유하자면, 제목이 얼굴이고 표지는 몸매다. 일단 예선을 통과해야 본선 싸움을 할 것이 아닌가. 에디터가 책 제목을 뽑아내기 위해 며칠 밤을 고민하고, 전문 디자이너에게 표지와 내지의 디자인을 맡기는 이유가 바로 이것이다.

어떻게 하면 좋은 제목을 뽑아낼 수 있느냐고? 그건 나도 잘 모른다. 그것은 편집자의 능력이기도 하고, 저자의 능력이기도 하지만, 때로는 하늘에서 내리는 것 같다는 생각도 든다. 마케팅 글쓰기 책을 보면 이러저러하게 쓰라는 이야기가 많지만, 결국 비슷비슷한 제목과 문장이 나올 뿐이다. 신의 한 수는 신에 의해 이루어지는 게 아닐까.

한 가지 팁을 주자면, 요즘은 부제를 다는 경우가 많다. 눈길을 끄는 문장으로 제목을 썼다 해도 무슨 내용의 글인지 알 수 없다면 손이 가지 않을 것이다. 이때, 책의 본질을 설명하기 위해 부제를 다는 것이다. 오프라인서점이 아니라 온라인서점에서의 판매를 노리는 책이라면, 검색에서 노출될 수 있는 단어를 꼭 넣는 것이 좋다.

출판의 기본은 인쇄다

출판을 이루는 여러 가지 요소를 이야기했지만, 사실 출판의 가장 기본은 인쇄다. 인쇄가 되지 않은 책은 실체가 없기 때문이다(전자책 제외).

종이에 찍어내는 것이니 다 똑같다고 생각할 수 있지만, 인쇄는 방식에 따라 여러 가지로 나뉜다. 그중 가장 대표적인 3가지가 바로 오프셋, 마스터, POD다.

오프셋(offset) 인쇄는 평판인쇄로서 판면에서 잉크 화상을 고무 블랭킷에 전사하고, 다시 종이에 인쇄하는 방법이다. 네 가지 색(CMYK)으로 나눠서 찍게 되는데, CMYK는 cyan, magenta, yellow, black의 약자로 이 색을 조합하여 풀 컬러를 만들어낸다. 인쇄하기 전에 PS 판이라고 하는 인쇄판을 제작해야 하고, 흑백 1도의 경우 하나의 PS 판만 제작하면 되지만 2도 인쇄의 경우 PS 판을 두 개 제작하고 잉크도 추가해야 하므로 제작비가 늘어난다. 풀 컬러인 4도 인쇄는 더더욱 제작비가 증가한다. 그렇기 때문에 3도 인쇄를 하는 경우는 거의 없다. 비용은 늘어나는 반면 색의 표현은 다양하지 못하기 때문에, 흑백 1도의 단조로움을 피하고자 2도로 인쇄하거나, 아예 컬러 4도로 모든 색을 발현하게 된다.

일반적으로 서점에서 볼 수 있는 책 대부분은 오프셋인쇄를 했다고 생각하면 된다. 현재로서는 가장 선명하고 표현력이 좋은 방법이다.

마스터인쇄는 경인쇄라고도 부르며, 특수재질의 종이 인쇄판을 사용해 인쇄하는 방법이다. 최고 2도 인쇄까지 가능하나 흑백 1도 인쇄에 용이하며, 흑백은 잘 표현하지만 회색은 잘 표현하지 못한다. 또한 오프셋인쇄처럼 선명하지 못하고 다소 뭉개진 듯한 품질을 보인다. 주변에서 마스터인쇄를 가장 쉽게 볼 수 있는 것은 논문이나 편지봉투 등이다.

흑백으로만 이루어진 인쇄물에서는 품질이 그리 나쁘지 않고, 소량 인쇄 시 오프셋인쇄보다 저렴하기 때문에 500부 이하의 출판물을 제작할 때는 마스터인쇄를 많이 사용한다. 다만 500부 이상의 대량 인쇄에서는 종이 인쇄판을 다시 만들어야 하므로 오히려 오프셋인쇄가 더 저렴할 수 있다.

POD는 Publish On Demand, 혹은 Printing On Demand라고 부른다. 우리말로는 도서 주문 판매, 주문형 도서출판이며, 말 그대로 주문을 하면 책을 만드는 시스템이다. 쉽게 설명하자면 가정에서 쓰는 레이저프린터의 전문가형이라 보면 된다. 완성된 PDF 파일을 보유하고 있다가 책 주문이 들어오면 PDF 파일을 고속 레이저프린터 출력 방식으로 출력하고 책을 만들어낸다. 주문이 들어오는 대로 제작을 하므로 이론상 재고는 0이며, 오프셋인쇄처럼 1,000권을 찍었다가 판매가 되지 않아 수백 권이 창고에서 썩는 불상사를 피할 수 있다. 다만, 주문이 들어온 후에 제작을 하기 때문에 주문을 한 후 책을 받아보기까지 4일에서 10일 정도 걸리고, 재고가 0이기 때문에 일반 오프라인서점에서 판매할 수 없다는 단점이 있다.

인쇄 방식에 대해 처음 듣는 사람은 이게 무슨 소린가 싶을 것이다. 간단히 말하자면, 오프셋인쇄는 품질이 좋고 풀 컬러 인쇄가 가능하지만 적어도 1,000권 이상 찍을 때 효율적이고, 마스터인쇄는 흑백 인쇄에 적합하나 품질이 좀 떨어지고 500권 이하의 소량 인쇄에 유리하다. POD 인쇄는 풀 컬러 인쇄가 가능하고 품질도 오프셋인쇄에 버금가며, 주문에 따라 책을 만들기 때문에 초기 비용이 적게 들어가는 장점이 있으나 책을 주문하면 배송되는데 시간이 오래 걸린다는 단점이 있다.

최근에는 POD 방식으로 수백 권 정도 소량 인쇄를 해서 독립출판을 하거나 자비출판을 하는 경우도 있고, 일부 출판사의 경우 POD 인쇄를 미리 해 두어 재고관리를 통해 서점에 유통하기도 한다.

종이도 알아두면 좋다. 표지에 많이 사용하는 종이는 아트지, 스노우화이트250g, 아르떼210g 등이다. 유광코팅은 반짝거리는 느낌이 나고 무광코팅은 상대적으로 차분한 분위기가 난다. 내지는 미색모조80g이나 이라이트80g을 많이 사용한다. 이라이트가 미색모조에 비해 종이 결이 다소 거칠게 느껴지지만, 상대적으로 두껍기 때문에 원고량이 적을 때 사용하면 책 두께가 두꺼워져 보기 좋다. 마찬가지 이유로 미색모조100g을 사용하기도 하는데, 미색모조100g은 80g보다 뒤 비침이 적은 장점도 있다.

출판의 기본은 인쇄다. 아무리 좋은 기획이나 원고도 인쇄가 이루어지지 않으면 독자에게 다가갈 수 없기 때문이다. 기획출판이라면 저자가 인쇄 방식을 알아둘 필요가 없겠지만, 기획출판에 좌절하여 자비출판을 고려하고 있다면 필히 알아두어야 하는 상식이다.

알리고, 팔아보자

출판 시스템을 잘 몰랐을 때는, 책이 나오면 당연히 서점의 매대에 올라가고, 사람들이 서점에 와서 책을 들춰보고 구매를 하는 것으로 생각했다. 하지만 그것은 매우 순진한 생각이다. 대부분의 책은 매대에 올라가지도 못한다. 자비출판 책이 매대에 오르는 일은 매우 드물고, 기획출판 중 팔릴만한 책이 담당 MD의 선택에 따라 올라가게 된다. 선정되지 못한 책은 돈을 내고 광고 매대를 구해야 한다.

왜 이런 일이 벌어질까? 너무나 많은 책이 쏟아져 나오기 때문이다. 그 책들을 올려놓을 매대는 턱없이 부족하다. 결국 선택된 책만 매대에 올라가게 되는데, 이것을 이해하기 위해서는 책의 유통과정을 먼저 알아볼 필요가 있다.

일반적인 상품의 유통과정은, 제작사가 판매자로부터 돈을 받고 물건을 넘기면, 판매자가 소비자에게 다시 돈을 받고 파는 것이다. 책도 마찬가지다. 출판사가 책을 만들어 서점에 넘기면, 서점에서 독자에게 책을 판매한다. 다만 서점의 책장은 한정되어 있고 한 권씩만 꽂아놓기에도 자리가 모자란다. 그렇다면 매대에 오르는 책들은 어떤 것일까? 바로 매절에 의해 구입되는 책들이다.

책이 출판되면 출판사의 홍보담당자는 서점의 담당 MD를 찾아간다. MD란 merchandiser를 뜻하는 말로, 상품기획자 혹은 상품구매자라 생각하면 된다. 책의 구입을 결정하고 진열, 판매 계획을 세우는 사람이다. 담당 MD가 책을 보고 신통치 않다 싶으면 기본 부수만 구입을 해 각 서점에 한 권씩 배포한다.

베스트셀러가 될 만한 책을 발견했다면 MD는 기회를 놓치지 않는다. 대량으로 구매해서 사람들의 눈에 띄는 곳에 진열한다. 이럴 때 매절 구입을 하게 된다. 매절이란 원래 물건을 몰아서 사는 것을 뜻하는데, 서점에서 팔다가 남더라도 반품을 하지 않겠다는 조건 하에 구입하는 것으로, 출판사에 약간의 할인을 요구할 수 있다. 서점은 저렴한 가격에 많은 책을 들여와 각 서점에 배포하고, 매대에 올리게 된다.

즉, 책이 나왔다고 해서 저절로 매대에 올라가는 것은 절대 아니다. 담당 MD와의 미팅을 통해 책의 장점과 다른 서적과의 차별성을 어필해야만 매절 거래가 가능한 것이다.

또 한 가지 알아두어야 할 것은 배본이다. 책은 전국에 흩어져 있는 서점에서 판매된다. 서점은 책이 팔리거나 인기가 있을 것 같으면 출판사에 연락하여 책을 주문한다. 그런데 서점이 전국에 흩어져 있다 보니 일일이 직접 책을 가져다줄 수가 없다. 택배를 이용하자니 택배비가 더 들고, 포장하고 뜯는 데 소비되는 시간이 크다. 결국 배본사를 이용하게 되는데, 인쇄소에서 책을 찍어내면 그 책은 출판사로 가는 것이 아니라 배본사의 물류창고로 간다.

주문이 들어오면 출판사는 배본사에 연락해 책을 어느 어느 서점으로 보내달라고 주문하고, 배본사는 들어온 주문에 따라 책을 보낸다. 보통 한 권의 책을 보내는 데 100원 정도 든다.

배본비가 100원이라니 무시해도 될 정도의 비용이 아닌가 싶겠지만, 배본사를 이용하기 위해서는 물류창고에 책을 쌓아둬야 하기에 창고비를 내야 한다. 사업에 있어 공간은 돈이다. 이렇게 창고 및 배본 비용으로 들어가는 비용은 대략 한 달에 20만 원(종당) 이상이다. 즉, 책이 팔리지 않고 창고에서 썩어 들어가면 창고 비용만 계속 빠져나가는 것이다. 오래도록 팔리지 않는 책을 출판사가 악성 재고로 판단하여 종잇값만 받고 폐기 처리하는 이유가 여기에 있다.

즉, 책이 나왔다고 뒷짐 지고 있으면 책은 매대에 오르지도 않고, 창고 구석에서 썩어가며 비용만 축내다가 결국 악성 재고가 되어 고물상으로 향한다. 출판사의 홍보담당자가 담당 MD를 만나 홍보를 하고, 어떻게든 책을 팔아보려고 여러 가지 이벤트를 하는 이유가 바로 이것이다. 출판사에게 있어 시간은 돈이고, 공간도 돈이다.

Chapter 4
기획출판에 도전합시다

좋은 소식 드리지 못해 죄송합니다

안녕하세요, 도서출판 △△입니다.

소중한 원고를 보내주셔서 감사합니다.

다만 아쉽게도, 내년까지 출간할 도서들을 확정한 상황이라

신규 기획을 일정에 추가하기 어렵습니다.

더 좋은 출판사와 인연이 닿아 원고가 많은 독자들을 만나기를 기원합니다.

안녕하세요. △△출판사 편집팀입니다.

보내주신 메일은 잘 받아보았습니다.

하지만 송구한 말씀 드려야 할 것 같습니다.

△△출판사와는 출간 방향이 달라 출간은 어려울 것 같습니다.

모쪼록 좋은 책으로 빛을 보았으면 합니다.

안녕하세요, 주신 소중한 제안 잘 받았습니다.

검토하고 회의한 결과 아쉽지만 선생님께 원고를 돌려 드리고자 합니다. 좋은 제안을 주셨는데 좋지 못한 소식을 드립니다.

원고에서 어떤 모자람을 느껴서는 결코 아니며, 또 관련 분야의 어느

도서들과 그 결이 많이 다르다는 것은 분명하지만 그럼에도 근래 이미 관련 분야의 도서들을 연이어 기획했던 터라, 다시 비슷한 소재의 기획을 올리는 데에는 어느 정도 부담감이 있었습니다.
선생님의 글은 가능성이 충분하므로 다른 좋은 출판사를 통해 곧 책으로 마주할 수 있으리라 기대합니다. 원고를 정리하시며 저희 출판사를 떠올려주신 데 깊이 머리를 숙입니다.

안녕하세요, 권준우 선생님.
보내주신 출간기획서는 잘 읽어 보았습니다.
△△출판사에 관심 가져주시고, 검토할 기회를 주셔서 감사드립니다. 하지만 아쉽게도 이번 원고는 저희 출판사에서 모시지 못하게 되었습니다. 꼭 좋은 인연을 만나 출간되기를 바라겠습니다.

먼저 저희 출판사에 출간제의를 해주신 데 감사드립니다.
보내주신 원고는 열심히 검토해보았습니다.
저희 출판사의 일정이나 출간 방향에 맞추어 상의한 결과,
선생님의 옥고를 출간하는 일은 역부족이라는 결론을 내리게 되었습니다. 오랜 기간 기다려주셨는데, 사과의 말씀 드립니다.
저희 출판사와는 어울리지 않지만, 분명히 다른 곳에서 또 다른 평가를 받을 만한 좋은 작품이라고 생각합니다.
저희는 평론가가 아니고 오직 저희 출판사에서 발행할 때의 적합성만을 검토한 것임을 말씀드립니다.

따라서 소견일 수 있으며, 시각에 따라 다를 수 있음을 혜량하여 주시기 바랍니다.
다음 기회에 더 좋은 인연을 맺을 수 있었으면 좋겠습니다.

이게 다 무엇일까? 바로 내가 받은 출간 거절 메일 중 일부다.

나는 지금까지 정말 수없이 많은 거절 메일을 받았다. 처음 투고를 하던 날은, 여러 출판사에서 출간 제의가 들어오면 어떻게 하지? 어떤 출판사를 선택해야 하지? 이런 고민에 빠져 잠을 이루지 못했다. 하지만 첫 번째 거절 메일을 열어보고 가슴에 큰 상처를 받았다. 무미건조하다 못해 비스켓처럼 바삭 소리 내며 바스러져버릴 것 같은 내용 때문이었다. 내 원고의 제목을 적어주거나 출간이 되지 못한 이유를 적어준 경우는 거절을 당하더라도 가슴이 덜 쓰렸지만, 대부분의 거절 내용은 어느 원고에 붙여놔도 무리 없이 적용되는 것이었기에 더욱 마음이 아팠다. 내 원고가 그 정도로 가치가 없나 싶기도 했다.

하지만 이제는 더 이상 마음에 상처를 받지 않는다. 대부분의 출판사는 거절 메일을 보낼 때 매크로 혹은 복붙이라 하는, 같은 내용의 답변을 보낸다. 물론 그렇지 않은 곳도 있지만 일반적으로는 그렇다. 경험상 투고 메일의 50%는 매크로 형태의 답장이 오고, 30% 정도는 내 원고의 내용이 담겨있거나 내 이름이 적혀있는, 나름대로 성의가 담긴 답장이 온다. 그리고 나머지 20%의 출판사에서는 아예 답장이 오지 않는다.

어떻게 매크로 답장이라 확신할 수 있느냐고 묻는 분이 계실 것이다. 내게 증거가 두 가지 있다. 한 출판사에 다른 원고로 두 번 투고를 한 적이 있다. 답신 메일 내용이 어땠을까? 똑같았다. 원고의 내용이 다른데 거절 메일 내용은 글자 하나 다르지 않았다. 또 한 번은 투고 메일을 보내는데 깜박하고 첨부파일에 출간기획서를 첨부하지 않고 그냥 보냈다. 부랴부랴 같은 내용의 메일에 출간기획서와 샘플원고를 첨부해 다시 보냈다. 답장이 어떻게 왔을까? 똑같은 거절 내용을 담은 메일이 연달아 두 통 왔다. 이래도 매크로가 아니라고 할 수 있을까?

기획출판을 꿈꾸는 예비작가라면, 아마도 출간 거절 메일을 수도 없이 받아보게 될 것이다. 그때마다 화가 나고 절망하게 될지도 모른다. 하지만 나는 거절 메일의 내용에 크게 신경 쓰지 말라고 하고 싶다. 거절당했다고 상처받을 필요가 없다. 정성들여 원고의 내용에 대해 조언을 해준 답장이 아니라면, 그냥 팩트만 받아들이면 된다. '이 출판사는 내 원고에 관심이 없다.'라는 팩트.

자, 이제 팩트를 알았으니, 그 이유에 대해 알아볼 차례다.

내 투고는 왜 거절당할까?

원고를 쓰고, 혹은 기획안을 만들고 두근거리는 마음으로 출판사에 투고한 예비작가는 첫 번째로 답장이 늦는 것에 실망하고, 두 번째로 '저희 출판사의 일정이나 출간 방향에 맞추어 상의한 결과, 선생님의 옥고를 출간하는 일은 역부족이라는 결론을 내리게 되었습니다.'라는 틀에 박힌 답장을 받고 분노한다. 마음 같아서는 '내 원고가 당신네 출판사의 출간 방향과 뭐가 안 맞는데요?' 라고 물어보고 싶을 정도다.

부글거리는 속을 가라앉히며 다시 다른 출판사에 투고한다. 하지만 보내는 족족 거절 메일만 날아온다. 도대체 이 사람들이 내 원고를 읽어보기나 했는지 의문이 든다. 결국 참지 못하고 다시 메일을 보내는 경우도 있다.

'제 원고의 어떤 점이 문제인가요?'

책을 출간하면서 몇몇 편집자들과 이야기를 나눌 기회가 있었는데, 내가 그들을 만나보면서 느낀 것은 '편집자는 돈 냄새를 기가 막히게 잘 맡는다.'는 것이었다. 출간기획서만 딱 봐도 돈이 될 만한 원고인지 아닌지 단번에 알아챘다. 단도직입적으로 말하자면, 투고 원고가 거절되는 이유는 '돈 냄새가 안 나서'다.

출판사는 기부단체가 아니다. 책을 팔아야 돈을 벌고 돈을 벌어야 다음 책을 만들 수 있다. 안 팔리는 책만 만드는 출판사는 있는 돈 까먹고 망할 수밖에 없다. 그러니 편집자는 어떻게든 잘 팔릴 만한, 적어도 손해는 보지 않을만한 원고를 물색할 수밖에 없다.

그렇다면 편집자는 출간기획서나 원고의 어떤 점을 살피면서 돈 냄새를 맡을까? 대략 다음과 같은 기준을 통해 원고를 선정한다.

* 참신하고 재미있는 소재인가?
* 기존에 책으로 나온 소재라 하더라도, 특이하고 흥미롭게 표현했는가?
* 현재의 출판 트렌드에 부합되는 내용인가?

물론 그 기준은 편집자에 따라 천차만별일 수 있다. 또한 저자가 누구인지도 중요하다.

* 그 분야의 대가인가? 전문가인가?
* 수많은 팔로워를 거느린 SNS 스타인가?

대상 독자가 누구인지도 파악해야 한다.

* 30~40대 여성 독자를 위한 책인가?(서점은 30~40대 여성이 주요 구매자다)

* 구매로 이어질 예상 독자의 수요가 어느 정도인가?

자, 이제 자신의 원고로 돌아와 보자. 이 기준에 얼마나 부합될까? 기존에 나와 있는 소재에 SNS 스타도 아니고 50대 남성을 위한 책이라면, 과연 얼마나 팔릴지 생각해보자. 내 경험상, 내가 예상했던(기대했던) 판매량에 0.1을 곱하면 실제 판매량이 나왔다. '이 책 나오면 적어도 5만 권은 팔리지 않겠어?'라고 생각하면 5천 권 정도 팔린다는 것이다(물론 근거 없는 개인적 소견이며 출처는 뇌내망상이다).

출판사 편집자는 매일 수많은 투고 메일을 확인하고, 선별한다. 그중에서 편집자의 마음에 쏙 드는 원고는 거의 없다. 편집자는 냉정하고 중립적인 시선에서 원고를 바라보기 때문에 그 원고의 시장 가치를 정확하게 꿰뚫어 본다. 다시 한 번 말하지만, 투고가 거절되는 이유는 책으로서의 가치가 없다기보다는 돈 냄새가 안 나기 때문이다.

일단 유명해져라

일단 유명해져라. 그러면 당신이 똥을 싸도 대중은 박수를 쳐줄 것이다(Be famous, and they will give you tremendous applause when you are actually pooping).

앤디 워홀이 했던 말이라 알려진 이 문장처럼 출판계에서도 유명세는 매우 중요하다.

솔직히 말하면, 아무리 투고를 해도 거절을 당하는 예비작가가 출판사로부터 연락을 받을 수 있는 가장 쉽고 명확한 방법은 '유명해지는 것'이다. 유명하다는 것은 이미 어느 정도의 마케팅이 세팅되어있다는 뜻이고, 독자가 있다는 의미이며, 기획의 방향 설정도 쉽다는 뜻이 된다.

예를 들어보자. 내 두 번째 책인 『눈을 만나다』를 쓸 때, 나는 책의 단조로움을 피하고자 여러 가지 궁리를 했다. 결국 나의 경험만으로 책을 채우는 것보다, 눈을 사랑하고 눈에 미친 사람들을 인터뷰해 넣으면 좋겠다는 생각을 했다. 6명의 스키어, 스노보더를 인터뷰해서 수록했다.

인터뷰할 사람들을 선정하는 과정에서 떠올린 사람이 바로 쏭

쏭이라는 스노보더였다. 일본 홋카이도 니세코에서 만난 분인데, 낮에는 오프피스테 라이딩(정설된 눈 이외의 야생 지역에서 스노보드를 타는 것) 가이드 보조를 했고, 저녁에는 인근의 이자카야에서 아르바이트를 했다. 매우 에너지 넘치고 유쾌한 친구였다. 한동안 소식이 끊겼었기에 오랜만에 연락을 해보니, 한국이 아닌 외국에서 세계여행을 하고 있다는 게 아닌가. 남편과 함께 '잼쏭부부'라는 타이틀로 여행을 다니며 동영상을 찍어 유튜브에 올리고, 여행기를 써 신문에 기고하고 있었다.

그녀가 잠시 한국에 귀국했을 때 만나 인터뷰를 했다. 이런저런 이야기를 하다 보니 그녀의 여행기를 책으로 엮으면 좋겠다는 생각이 들었다. 그래서 책을 한번 써보라고 했는데 자신은 아직 그럴 준비가 안 되었다고 했다.

『눈을 만나다』는 기획출판이 안 되어 자비출판을 한 책이다. 여행에세이의 붐이 식었고 '일본 스노보드 오프피스테 여행'이라는 주제에 관심을 보일 독자가 많지 않을 거라는 예상 때문에 출판사들이 적극적으로 나서지 않았다. 다행히 책을 내주겠다는 출판사가 있었는데, 막판에 돌연 구두계약을 파기하는 바람에 울며 겨자 먹기로 자비출판을 할 수밖에 없었다.

그런데 얼마 후, 잼쏭부부의 이야기가 네이버 메인에 떴고, 그녀는 점점 유명해지기 시작했다. 몇 달 후 전화가 왔다. 출판사에서 출판계약을 하자고 연락이 왔다는 것이다. 계약서상에 이해가 안 되는 부분이 있다고 나에게 조언을 구했다.

하나하나 계약서의 내용을 설명해주고 전화를 끊으니, 조금 허탈했다. 책을 내려 했던 나는 출판사를 찾아 그렇게 헤맸는데, 책을 낼 생각이 없는 그녀에게는 출판사가 먼저 손을 내밀었던 것이다.

나도 당시에는 나름의 블로그를 운영하고 있었고, 스키시즌에는 하루에 5백 명 이상의 방문객이 있었지만 출판사가 보기에는 그리 큰 영향력이 있을 거라 생각지 않았던 것이다. 만약 하루 방문객이 3천 명이었다면 이야기는 달라졌을지도 모른다. 책은 내용만 좋아서 되는 건 아니다. 누가 썼는가도 매우 중요하다. 파리 여행이라도 다 똑같은 여행이 아니다. 독자는 '그 사람'의 여행이 궁금한 것이다. 독자가 궁금해 하는 사람, 출판사는 그런 사람을 찾아 헤맨다.

일단 유명해져라. 그러면 출판사에서 연락이 올 것이다.

당신의 여행기는 다큐입니까, 예능입니까?

부끄러운 이야기지만, 내 스노보드 여행기 『눈을 만나다』는 판매량이 시원치 않았다. 나름 일본 오프피스테 파우더 라이딩에 대한 정보와 경험이 많았고, 일본 스키여행 관련 종사자들의 인터뷰도 담고 겨울 시즌에 맞춰서, 그것도 동계올림픽으로 겨울스포츠에 대한 관심이 높아지는 시점에 맞춰 책을 냈음에도 불구하고 판매량은 기대치를 한참 밑돌았다. 왜 그랬을까. 패인을 찾기 위해 고심했고 결국 내가 내린 결론은, 내 책이 예능도, 다큐도 아니라는 것이었다.

여행기에서 무슨 다큐와 예능을 찾느냐고 의아해할 수도 있을 것이다. 하지만 여행기를 읽는다는 것은 크게 두 가지 이유일 것이다. 첫 번째는 새로운 세상에 대한 호기심이다. 그리고 두 번째는, 그 사람의 여행 자체가 재미있기 때문이다.

TV 프로로 예를 들어보자. EBS에서 방송하는 여행 프로는 대부분 다큐멘터리다. 일반인이 쉽게 접하기 힘든 곳을 찾아가 그들이 살아가는 방식에 대해 자세하게 촬영하고, 전문적인 설명을 덧붙인다. 새로운 세상을 만나는 두근거림 때문에 사람들은 다큐멘터리로부터 눈을 떼지 못한다. 지적 욕구의 충족 때문이다.

예능 프로를 살펴보자. 「1박2일」이나 「신서유기」 같은 예능 프로도 여행을 떠난다. 하지만 여행지에 대해 깊은 내용을 다루기보다는 여행지와 관련된 퀴즈를 하며 복불복게임을 하거나, 기상미션 등을 하며 재미를 더한다. 아니면 「삼시세끼」 처럼 밥을 지어먹는 이야기를 풀어가기도 한다. 「정글의 법칙」 처럼 오지에서 잠잘 곳을 만들고 먹을 것을 사냥한다. 여행지에 대한 정보가 많지 않지만, 사람들은 이런 예능프로에 열광한다.

즉, 여행기는 여행지에 대한 박식한 정보로 독자의 지적욕구를 충족시켜 주거나, 여행지에서 일어나는 여러 가지 에피소드로 읽는 이를 즐겁게 해줘야 한다.

한비야 작가의 책이 인기를 끌었던 이유는 무엇일까. 사람들이 쉽게 가보지 못한 세상에 대한 호기심을 충족시켜주었기 때문이다. 태원준 작가의 『엄마, 일단 가고 봅시다!』는 어떤가. 이 책에는 여행지에 대한 정보가 많지 않다. 그저 세계여행을 처음 가보는 엄마와 함께한 이야기가 있을 뿐이다. 이 책이 나올 때만 해도 엄마와 아들이 함께 자유여행을 간다는 것은 낯선 일이었다. 이 책 이후로 자전거를 타고 세계여행을 하고, 여고생 혼자 세계여행을 다니는 등 여러 가지 여행에세이가 출간되었다.

나는 이 모든 것들이 '예능'이라 생각한다. 사람들이 읽고 즐거워할 수 있는 상황을 만드는 것, 그것이 중요하다. 책을 만드는 것도 예능프로와 다를 것이 없다. 그 재미가 박장대소일 수도 있고, 호기심일 수도 있고, 마음 편한 힐링일 수도 있다. 어떤 감정이든 보면서 재미를 느낄 수 있는 요소가 있어야 한다. 내 여행에세이에는 그런 부분이 부족했다. 그저 스노보드를 타며 내가 느낀 감정들을 진지하게 풀어가다 보니, 독자가 읽기에는 재미가 덜했던 모양이다.

여행에세이를 쓰고자 한다면, 지금 쓰려는 글이 다큐인지 예능인지 생각해봐야 한다. 만약 예능이라면 재미있을 만한 소재와 구성, 에피소드를 찾아야 한다. 여행기는 여행지의 이야기라기보다는 사람의 이야기다. 여행지에서 느끼는 감정들도 중요하지만 그곳에서 만난 사람들과의 대화와 행동이 더 중요할 때가 많다. 그렇기에 여행에세이를 쓴다는 것은 오히려 어려운 일이기도 하다.

대중은 타인의 실패를 즐긴다

'유하각'이라는 말을 안다면, 당신은 유튜브 좀 보는 사람일 것이다. '유하'는 '유튜브 하이'의 준말이고, '유하각'은 '유튜브에 올라갈 것 같은 예감'을 뜻한다. 개인방송을 하는 BJ들은 방송을 하다가 재미난 부분을 편집해 유튜브에 올리는데, 생방송을 보던 시청자들은 재미있는 상황이 나오면 '유하'라는 말을 채팅창에 친다. 동영상이 편집돼 유튜브에 올라가면 자신이 '유하'라고 채팅을 친 것도 그대로 담길 것이기 때문이다.

BJ도 재미난 상황이 발생하면 '유하각'이라며 좋아한다. 게임방송을 하는 사람이라면 너무나 극적으로 승리를 하는 장면이 바로 유하각일 것이다. 하지만 반대의 경우도 있다. 터무니없이 허무하게 지거나, 죽더라도 웃기게 죽으면 그것 또한 유하각이다. 즉, 항상 잘하는 것보다는 재미있게 못하는 것, 극적으로 승리하는 것이 콘텐츠가 된다는 뜻이다.

책도 마찬가지다. 나는 글을 쓰는 예비작가들에게, 실패를 즐기라는 말을 하고 싶다. 실패하는 게 뭐가 즐겁냐고 화를 낼지 모르겠지만, 그것들이 모여 '유하각'을 만들기 때문이다.

『멈추지 마, 다시 꿈부터 써봐』의 작가 김수영 씨는 연세대

출신으로 골드만삭스에 입사한 인재다. 그녀가 어릴 때부터 금수저였고 모범생이었다면 그녀의 이야기가 재미있었을까? 아니다. 재미 하나도 없었을 것이다. 그녀는 왕따에 비행청소년이었지만 마음을 다잡고 공부해 「도전! 골든벨」에서 실업고 출신으로 골든벨을 울렸으며, 암 진단을 받고도 그것을 이겨내 버킷리스트를 실현해갔다. 그런 '어려움을 이겨내는 이야기'가 있었기에 독자의 마음을 울리고 베스트셀러가 된 것이다.

사람들은 실패를 이겨낸 이야기를 좋아한다. 그래야 자신도 희망을 얻고 상처받은 마음이 치유되기 때문이다. 작가에게 있어 실패란 매우 훌륭한 소재거리다. 그런 실패가 차곡차곡 쌓이다보면 어느새 책 한 권을 채울 수 있는 이야기가 만들어질 것이다. 실패하면 성공한다. 실패하지 않는 사람의 이야기는 매력이 떨어지게 마련이다.

이 책 또한 마찬가지다. 내가 수백 통의 거절메일을 받고, 결국 출판사를 찾지 못해 자비출판을 했던 경험이 없었다면 어떻게 이 책을 쓸 수 있었겠는가. 성공한다면 그것으로 좋은 것이고, 실패한다면 그것 또한 '유하각'이라 생각하자. 실패가 많을수록 글은 다채로워진다.

저는 팩트폭격기예요

팩트폭력이라는 말이 있다. 사실을 가감 없이 이야기해 상처를 주는 행위를 뜻한다. 사실이라 하더라도 듣기 싫은 말이 있기 마련이다. 특히 가정사나 외모, 장애, 질환에 대한 이야기는 직접적으로 언급하지 않는 것이 예의인데, 자신은 솔직하다며 여과 없이 이야기하는 사람들이 있다.

"저는 돌려 말하지 않아요. 그냥 팩트폭격기예요."

솔직한 게 장점이라며 당당하게 말하는 사람을 본 적이 있다. 아, 네. 그렇군요. 대답은 그렇게 했지만 나는 슬그머니 마음을 닫아버렸다. 그건 솔직한 게 아니라 배려가 없는 것이라는 걸 알기 때문이었다.

책도 마찬가지다. 책을 쓰는 사람은 독자에게 조금 더 많은 정보를 정확하게 전달해주고자 한다. 자신이 깨달은 것들을 아낌없이 넘겨주고 싶어 한다. 그러다보니, 가르치려 들 때가 있다. 특히 자기계발류의 책에서 이런 성향이 보이는데, 자꾸 독자에게 잔소리를 하는 것이다. 이렇게 해라, 저렇게 해라. 그러면 안 된다…. 그것을 읽는 독자의 마음은 어떨까. 짜증이 솟구칠 것이다. 현실에서도 이래라 저래라 잔소리하는 사람이 많은데, 돈 내서 산 책이 잔소리를 하면 얼마나 화가 나겠는가.

솔직한 거 좋다. 하지만 배려가 없으면 그것은 팩트폭력이다. 책을 쓸 때도 독자를 가르치려 들면 안 된다. 독자는 당신보다 덜 떨어진 사람이 아니다. 그들 또한 매우 고상하고, 고등교육을 받았으며, 마음 여리고 지적인 존재다. 당신이 잔소리를 하는 순간 그들은 마음에 상처를 입고 돌아설 것이다.

독자에게는 생각할 거리를 던져주는 것만으로 족하다. 생각은 독자 스스로 하는 것이다. 해답도 독자가 알아서 찾아낸다. 저자가 쓰는 해답이 항상 옳은 것은 아니다. 너무 나아가지 말자. 조금은 에둘러 말하고, 정답이 아닌 힌트만 주어도 된다. 정보전달이라는 빌미로 독자에게 팩트폭력을 가하지는 말자. 독자들은 아파한다.

매력적인 출간기획서 만들기

자, 원고가 어느 정도 만들어졌다면 출판사에 투고를 할 차례다. 투고를 처음 하는 예비작가는 어떻게 투고를 하는지도 모를 수 있다. 투고할 때는 출간기획서와 샘플 원고를 첨부하는 것이 일반적이다. 전체 원고를 보낼 수도 있지만, 아무래도 자신이 쓴 원고의 정보 모두를 노출한다는 부담감이 있기 때문에 투고할 때에는 일부의 원고만 보내게 된다. 그리고, 원고를 다 보내봤자 읽어보지도 않는다.

이렇게 이야기하면 출간기획서는 또 무엇인지 궁금해 할 분들이 있을 것이다. 출간기획서란, '내가 이러이러한 책을 쓰려고 한다.'라는 것을 간략하게 정리한 것이다. 원고는 열심히 쓰면서 막상 출간기획서 쓰는 것을 귀찮아하거나 대충하는 사람이 있는데, 이는 잘못된 생각이다. 출간기획서를 쓰는 것은 단체 미팅에 나가는 것과 같다. 상대로부터 선택을 받으려면 그만큼의 매력을 어필해야 한다. 그다지 예쁘지도 않은데 머리도 안 감고 추리닝 입고 미팅에 나가면 누가 좋아하겠는가. 미팅에 나가기 전에 머리 감고 화장하고 예쁜 옷 골라 입고 이에 고춧가루 끼지 않았는지 확인하고 나가야 한 번이라도 더 시선을 끌 수 있는 법이다.

자, 그럼 이제부터 출간기획서 쓰는 법부터 알아보자. 원고를 쓰기 전에 작성했던 집필기획서가 있을 것이다. 그것을 바탕으로 하면 된다.

① 제목: 우선 제목이다. 제목은 책을 드러내는 얼굴이다. 제목이 멋져야 사람들이 책을 집어 들게 된다. 내용이 부실해도 제목 하나만으로 하드캐리하는 경우가 있으니, 제목은 정말 신경 써서 정해야 한다. 익숙하면서도 참신하고, 뭔가 사람의 가슴을 건드리는 그런 제목이 필요하다. 물론 그런 제목을 만든다는 것은 말로만 쉬운 일이다. 머리를 싸매고 싸매 떠올려야 한다.

② 저자: 저자 란에는 자신을 소개하면 된다. 구구절절하게 어느 학교를 나오고 어디에서 무슨 활동을 했고 그런 걸 다 적을 필요는 없다. 이 책을 쓰는 데 도움이 되는 경력 중심으로 쓰면 된다. 특이한 이력이라면 추가해도 좋다. 현재 실직해 백수라도, 구직에 실패한 게 아니라 톱니바퀴 같은 직장생활에 신물이 나 자유를 찾아 과감하게 사표를 던졌노라는 정도의 후보정은 나쁘지 않다. 다만 거짓말을 써서는 안 된다. 책과 연관된 전문성이 높을수록 좋다. TV 출연 등 미디어에 노출된 적이 있다면 기재하고, 만약 블로그나 페이스북 등을 운영하고 있다면 링크와 함께 평균 방문자 수나 팔로워 숫자를 적어주자.

③ 기획 의도: 기획 의도에는 자신이 이 책을 쓰게 된 계기를 정확하게 표현해야 한다. 이 책이 세상에 존재해야 할 이유를 명료하게 설명해 편집자를 설득하는 것이다. 편집자에게 기획 의도를 설명하는 것은 테이블에서 출판 계약 여부를 담판 짓는 것이나 마찬가지다. 서면을 통해 저자는 편집자를 설득하고, 편집자는 냉정한 마음으로 설득 당할지 여부를 결정하게 된다.

세계여행에 대한 원고를 투고한다고 생각해보자. 세계여행에 대한 여행기는 수두룩 빽빽하니 전혀 관심이 가지 않는다. 그런데 그 여행지가 일반적인 여행지가 아니라 유럽 소도시들이라면 아주 조금 관심이 갈지 모르겠다. 알고 보니 저자는 고등학생이다. 학교를 자퇴하고 세계여행을 다닌 지 1년이 됐다. 자폐적인 성격 탓에 왕따와 학생폭력을 당하다가 자퇴한 것이다. 위축되고 우울증에 빠져가는 딸을 위해 엄마가 딸과 함께 여행을 떠났고, 그렇게 자폐와 우울을 이겨내 책을 쓰게 됐다. 여기까지 알게 되면 뭔가 호기심이 생긴다.

기획 의도를 이야기할 때는 그냥 '세계여행기입니다.'라고 하면 안 된다. 이 책이 왜 특별한지, 이 책을 통해 이야기하고자 하는 것이 무엇인지 설명해야 한다. 너무 지루하지 않게, 편집자의 가슴을 콱 찌를 수 있는 문장으로 표현해야 한다.

④ 콘셉트: 콘셉트는 이 책을 한 문장으로 설명하는 것이다.

그 문장만 들어도 '아, 이런 책이구나.' 하는 생각이 들게 해야 한다. 콘셉트는 흔히 부제로 쓰이기도 한다. 내가 쓴 책 『오늘의 두통을 내일로 미루지 말라』의 표지에는 다음과 같은 문장이 쓰여 있다.

신경과 전문의들이 진단한 101가지 두통 원인, 그리고 생활 속에서 실천하는 손쉬운 예방대책

이 문장을 읽으면 어떤 책인지 단번에 예상할 수 있다. 편집자에게 명확한 콘셉트를 전달하는 것도 중요한 일이다.

⑤ 독자층: 예상 독자가 누구인지도 생각해둬야 한다. 너무 지나치게 광범위한 독자층을 제시해도 안 된다. 스노보드 여행기인 『눈을 만나다』를 쓸 때 예상 독자를 우리나라 스키 인구인 700만으로 제시한다면 누가 믿겠는가.

⑥ 유사도서와의 차별성: 경쟁 서적에 대한 언급을 해주는 것도 좋다. 같은 분야의 책과 비교해 장점을 설명해야 하는데, 굳이 장점을 꺼내려고 노력할 필요는 없지만, 차별점은 확실히 언급해주는 것이 좋다.

⑦ 홍보방안: 만약 책이 나왔을 때 어떻게 홍보를 할 것인지에

대해 구체적인 설명을 해주면 도움이 된다. 블로그나 페이스북에서 활발한 활동을 하고 있다면 출판사로부터 가산점을 얻을 수 있을 것이다. 본인이 몇 권을 구입하겠다는 등의 내용은 의미가 없다.

⑧ 목차: 목차는 장마다 통일성이 있어야 하고, 되도록 각 장의 분량이 일정해야 좋다. 1챕터에는 10꼭지의 글이 들어가는데 2챕터에는 4꼭지만 들어간다면 비율이 맞지 않아 예뻐 보이지 않는다. 챕터마다 흐름을 이어갈 수 있는 글을 적당히 배치해 뜬금없이 튀어나오는 글이 없도록 조심하자.

간혹 이메일 투고보다 종이 원고로 투고하는 게 더 성의 있어 보이지 않느냐고 묻는 분이 계신데, 전혀 그렇지 않다. 투고된 출간기획서는 출판사의 여러 사람이 읽어보고 토론하여 출간 여부를 결정하는데, 종이 원고로 투고하면 그것을 일일이 복사해서 나눠보거나, 서로 돌아가며 순서대로 읽어야 하기 때문에 오히려 마이너스다. 그냥 이메일 투고를 하면 된다.

출판사마다, 편집자마다 출간기획서나 원고를 검토하는 기준은 다를 수밖에 없고, 모든 편집자의 마음에 드는 출간기획서를 작성하는 것은 불가능하다. 게다가 출간기획서에 관한 내용만으로도 책 한 권을 쓸 수 있을 정도로 설명할 것이 많다. 또한, 이론과 실제는 매우 다르다. 이렇게 출간기획서 쓰는 법에 관해 쓰고 있는 나조차도 아직까지 출판사를 사로잡는 출간기획서를 쓰는 게 참 힘들다.

『출판사에서 내 책 내는 법』- 정상태 지음, 도서출판 유유
『출판사 에디터가 알려주는 책쓰기 기술』- 양춘미 지음, 카시오페아

만약 출간기획서 작성이나 투고 요령에 대해 조금 더 자세히 알고 싶다면 이 두 책을 추천한다. 현직 출판사 편집자로 일하는 분들이 쓴 책이니, 많은 도움이 될 것이다.

편집자의 입장에서 생각하라

책을 기획할 때, 저자의 눈을 버리는 것이 중요하다. 저자로서 하고 싶은 이야기가 많겠지만 그것은 욕심일 뿐이다. 오히려 편집자의 눈으로 바라보아야 한다.

내가 첫 책 『가슴을 뛰게 하는 한마디』를 출판사에 투고할 때, 콘셉트를 이렇게 적어서 보냈다.

> 의사로서 환자를 대하면서 겪게 되는 감동적인 이야기를 담은 에세이

정말 정직한 표현이었다. 병원에서 겪었던 여러 가지 재미있는 일, 슬픈 일, 안타까운 일들을 블로그에 올리고 있었고, 그 글들을 모아 책을 낼 생각이었다. 당시 박경철 선생님의 『시골의사의 아름다운 동행』이 큰 히트를 쳤고, 나도 같은 콘셉트의 책을 내려 했다.

일주일 후 출판사들로부터 답장이 오기 시작했는데 대부분은 복사해 붙인 것 같은 건조한 답변이었다. 그중 한 출판사로부터 온 답장에 이런 말이 적혀 있었다.

'원고의 내용이 재미있고 훌륭합니다만, 이미 『아름다운 동행』이라는 책이 나와 있는데 같은 내용의 책이 한 권 더 있어야 할 이유를 찾지 못하였습니다. 죄송합니다.'

수긍이 가는 답장이었다. 같은 콘셉트에 저자만 달라지는 책이 과연 필요할까. 물론 그 콘셉트가 너무나 호응을 받고 있고 유행이라면 그럴 수도 있겠지만, 그렇지 않다면 굳이 그 책을 낼 이유를 찾지 못하는 것이 당연했다.

그 이후, 나는 책의 콘셉트에 대해 고민하기 시작했다. 두 번째로 떠올린 콘셉트는 '앞집 할머니는 공자, 옆집 할아버지는 맹자'였다. 노인 환자들을 진료하다 보니 그들로부터 깨닫게 되는 삶의 진리들이 있었다.

> 철학자나 위인이 아닌 촌부라 하여도, 삶을 살아오며 저절로 쌓이는 지혜들이 있다. 그들로부터 얻게 되는 삶의 진리들

논어에 나오는 글을 설명하면서 그와 관련된 에피소드를 연결하는 방식이었는데, 이것 또한 거절당했다. 논어를 논하기에는 내 경력이 너무 이질적이며, 논어와 에피소드의 연결도 부자연스럽다는 의견이었다.

다시 콘셉트의 변화를 꾀했고, 이번에는 내가 살아온 길에 대해 이야기를 하기로 했다. 나는 평소 소심하고 도전을 두려워하는 성격이었는데, 어느 날 수챗구멍에서 자란 팥잎이 죽어가는 걸 보고

그 모습이 나 자신 같아 눈물을 지은 후 세상으로 나가 여러 가지 도전과 시도를 하기 시작했다.

> 서른이 넘도록 안전한 길만 찾아 은둔형 삶을 살던 한 의사가 왜 내 인생은 행복하지 않은가에 대한 의문을 품고 행복을 찾아 세상에 도전하는 이야기

결국 마지막 콘셉트가 채택되어 책으로 세상에 나오게 되었다.

세 가지 콘셉트 중에서 어떤 것이 가장 나아 보일까? 같은 원고라도 조합을 바꾸고 방향을 정하면 전혀 다른 책이 된다. 이것이 기획의 힘이다.

좋은 기획을 만들려면 저자가 아닌 기획자의 눈으로 바라봐야 한다. 내가 콘셉트 없이 블로그에 올렸던 글을 모아서 책을 만들었다면 그저 그런 책이 되었을 것이다. 하지만 편집자가 원고의 방향을 조정해주니 일관성 있는 주제의 책이 되었다. 편집자 혹은 독자의 눈으로 원고를 바라보자. 만약 독자의 눈으로 바라봤을 때 매력이 없는 콘셉트라면, 과감히 버리고 처음부터 다시 생각해야 할 필요도 있다.

당신이 독자라면 이 책을 사시겠어요?

이러쿵저러쿵 변명 같은 이야기는 다 떼어 내버리고, 단도직입적으로 스스로에게 물어보자.

"내가 독자라면 이 책을 살까?"

이건 정말 중요한 이야기다. 만약 서점에서 이 책을 딱 봤을 때, 돈을 내고 살 생각이 들까? 저자는 당연히 자신이 쓴 책의 내용에 관심이 많은 사람이다. 책을 쓴 장본인이니 관심 없는 분야의 책을 썼을 리 없다. 게다가 책의 가치도 잘 알고 있다. 이 질문에 '당연하지!'라고 대답할 수 있다면 그 원고는 꼭 책으로 만들어야 한다. 하지만 '글쎄…?'라고 생각했다면 다시 한 번 원고를 검토해봐야 한다. 저자는 책의 첫 번째 독자다. 첫 번째 독자를 만족시키지 못한다면 다음 독자도 마찬가지일 것이다.

재미가 없는 것인지, 깊이가 얕지는 않은지, 너무 어려운 내용은 아닌지…. 뭔가 못마땅한 것이 있으니 손이 가지 않는 것이다. 그것을 알아내 고쳐줘야 한다.

귀찮을 수 있다. 그냥 대충 책을 만들고 싶을 수도 있다. 하지만 적어도 기획출판을 준비하고 있다면 그렇게 해서는 안 된다. 책 한 권을 제대로 만들려면 약 1,000만 원 이상의 비용이 들어간다. 지금 쓰고 있는 것이 스스로 1,000만 원을 투자할 용기가 나는 원고인가? 1,000만 원을 투자해서 이익을 남길 수 있는 원고인가? 만약 그렇지 않다면, 왜 그 위험성을 출판사에 떠넘기려 하는가? 그 정도의 자신이 없는 원고라면, 자비출판이나 셀프출판을 하는 것이 옳다. 내 생각엔 그렇다.

기획출판을 하고 싶다면, 자신조차 사고 싶은 마음이 들 정도의 책을 만들어야 한다. 그런 각오가 되어 있어야 한다.

무조건 투고하라

자, 이제 출간기획서가 완성되었으니 투고할 일만 남았다. 다시 고민이 시작된다. 어느 출판사에 투고해야 할까? 아무래도 베스트셀러를 많이 내는 대형출판사가 낫지 않을까? 왠지 작은 출판사에 투고하는 건 자존심도 좀 상하는 것 같고, 책이 나와도 잘 안 팔릴 것 같은 생각이 든다. 이럴 땐 어떻게 해야 할까?

정답은, '무조건 투고하라'다.

적어도 저자 입장에서는 그렇다(출판사에서는 싫어할 만한 답일 수도 있다). 투고를 해서 그 출간기획서가 여러 출판사로부터 승인 답장을 받을 확률은 매우 낮다. 즉, 어디가 좋을까를 생각할 게 아니라, 어디든 연락 주십쇼 하는 마음가짐을 가져야 한다. 정말로 원고가 좋아서 여러 출판사의 러브콜을 받는다면, 그때 가서 고민하면 된다.

다만, 출판사라고 해서 모든 분야의 책을 출간하는 것은 아니다. 요즘은 자기만의 분야를 고수하는 출판사가 많다. 건강서적만 취급한다든지, 여행서적만 낸다든지, 아동서적만 제작하는 등 출판사만의 색깔이 있다. 만약 아동서적을 주로 내는 출판사에 해외여행 원고를 보낸다면 어떨까? 채택될 리도 없을 뿐더러 출판사의 성향도 모른 채 투고를 보내는 무관심한 저자로 찍힐 수도 있다.

이럴 때 가장 좋은 방법은, 인터넷서점의 분류를 이용하는 것이다. 자신의 원고가 속한 카테고리에 들어가서, 관련 책을 낸 출판사의 이름을 적어보자. 예를 들어 스노보드 여행에세이 『눈을 만나다』를 투고할 때는 여행에세이 카테고리로 들어가서 출판사 이름을 적으면 된다.

출판사에 따라 이메일로 투고하는 곳도 있고, 자사의 홈페이지를 통해 투고하게 하는 출판사도 있다. 각 출판사의 방식에 따라 투고하면 되는데, 귀찮더라도 메일을 보낼 때는 단체 메일로 보내는 게 아니라 출판사마다 메일을 따로 보내는 것이 좋다.

만약 단체 메일로 보낸 원고임을 출판사 측이 알게 된다면 기분이 좋을 리 없다. 또한 메일 내용에 출판사의 이름을 잘못 쓰거나, 다른 출판사에 메일 보낼 때 썼던 문구를 복사해 붙이다가 출판사 이름을 바꾸지 않는 실수를 범하지 않도록 주의해야 한다. 실제로 한 편집장님께서는 단체메일로 온 출간기획서나 출판사의 이름이 잘못 적힌 메일은 아예 읽어보지도 않는다 했다.

편집자를 감동시키는 출간기획서는?

책을 출간하기 위해 출판사를 기웃거리다보면 별의별 일들이 다 일어난다. 출간기획서를 ○○출판사에 보냈는데, 일주일 후 거절 메일이 왔다. 그런가보다 하고 별 생각 없이 지냈는데, 며칠 후 메일이 왔다.

'안녕하세요? ○○출판사의 ○○○편집장입니다. 출간 관련하여 통화를 좀 하고 싶은데 연락처를 알려주시겠어요?'

나는 당연히 내 출간기획서를 보고 연락을 취한 줄 알았다. 다만, 출간기획서에 내 전화번호가 적혀있었는데 왜 연락처를 달라고 하는지 의아했다. 전화통화 후 미팅을 했는데, 편집장님께서는 내 블로그의 글을 정리하면 괜찮은 책이 될 것 같아 연락을 한 것이라 말씀하셨다. 내가 조심스레 말했다.

"그런데요, 제가 ○○출판사에도 출간기획서를 보냈었는데, 혹시 못 보셨나요?"

편집장님은 순간 당황한 기색이었다. 출간기획서가 오면 편집장들이 확인을 하는데 바쁘다보면 자세히 확인하지 못하고 넘어갈 때가 있다며, 아마 그렇게 지나친 게 아니었겠느냐 했다.

출판사의 편집장들은 하루에도 서너 통, 많게는 수십 통의 투고

메일을 받는다. 투고 메일들을 세심히 읽어보고 심사하여 마치 신춘문예의 대상작을 뽑듯이 그 중에서 가장 좋은 원고를 뽑아 책으로 만든다고 믿었다면 그건 너무 순진한 생각이다. 편집자의 하루 일과는 매우 바쁘고, 해결해야 할 일은 산더미처럼 쌓여있다. 이미 1년 치의 출간 스케줄이 짜여 있는 출판사도 많다. 출판사가 원고를 선정하는 방식도 각양각색이지만, '스타작가'를 '사냥'하는 것이 기본이다. 아무런 밑천도 없는 무명작가보다는 SNS스타, 저명한 교수, 연예인, 유명작가들을 섭외하는 것이 훨씬 안정적이다. 투고로 들어온 원고 중에서 책으로 만들어지는 것은, 그러한 스타 작가들의 책을 내는 짬짬이 빈 시간이 남았을 때 고려해볼만한 일이다. 답장을 보내지 않는 몇몇 출판사의 에디터 말에 의하면 적당한 원고가 없을 땐 앞서 받은 투고 메일들을 다시 뒤져 작가를 섭외하는 경우도 있다고 한다. 하지만 그것이 절대 편집자의 1순위 업무는 아니다.

편집자는 하루 일과 중 잠시 시간이 나면 투고 메일함을 열어볼 것이다. 수많은 메일들 중에서 일단 걸러지는 것들이 있다. 첫 번째는 아무런 정보 없이 원고만 덜렁 보낸 메일이다. 얼마나 좋은 원고일지는 모르겠지만 그 원고를 읽을 시간이면 다른 출간기획서 대여섯 개는 검토할 수 있다. 당연히 버려진다. 제목이라도 흥미로우면 모르겠지만 출간기획서 없이 원고만 보낸 투고는 관심에서 제외된다고 봐도 과언이 아니다.

단체메일로 보내온 출간기획서도 쉽게 버려진다. 편집자나 출판사 대표로서는 자존심이 좀 상할 수 있다. 너무너무 좋은 기획안이 아니라면 굳이 책으로 만들고 싶지 않을 것이다.

어딘가에서 본 듯한 출간기획서도 점수를 깎는 요인이 된다. 요즘 글쓰기 교실이 성행하면서, 획일적인 내용의 출간기획서가 많이 들어온다고 한다. 개성이 없는 '양산형' 원고의 느낌 때문에 편집자들이 꺼려한다. 특히 '저는 ○○ 글쓰기 교실 출신입니다.' 라고 당당히 밝히는 저자가 있는데, 차라리 말하지 않는 게 이득이다.

그렇다면, 편집자들은 어떤 출간기획서를 조금 더 유심히 볼까? 당연히 출간기획서의 내용이 충실해야 한다. 샘플원고도 필요하다. 거기에 덧붙이자면, 출판사의 성향과 출간된 책들의 잘 알고 있다고 어필하는 것이 도움이 될 수 있다. 메일 제목에 '○○출판사 편집장님께' 라는 말을 덧붙이거나, '저는 ○○출판사에서 출간된 책 △△와 □□□를 읽어보았고 ○○출판사의 출간방향이 제 원고와 어울린다는 생각을 많이 해왔습니다. ○○출판사에서 제 책을 출간하게 된다면 정말 영광이 아닐까 합니다.'라는 아부성 멘트를 넣는 것도 좋다. 너무 유치하지 않느냐고? 원래 사람은 유치한 것에 잘 넘어가기 마련이다.

솔직히 까놓고 말해서, 투고 메일 보낼 때 이렇게 출판사 신간과 성향을 파악해 맞춤형 멘트를 써 보내는 사람이 얼마나 많을지 의문이다. 자신은 똑같은 멘트를 복사해 여러 출판사에 붙여넣기로 투고하면서, 출판사로부터 정성들인 답장을 바란다면 그건 놀부 심보다. 매크로 같은 거절 메일에 예비작가가 실망하는 것처럼 복붙으로 보내온 투고메일에 편집자는 감동을 받지 못한다.

투고를 할 때는 편집자의 눈을 1초라도 더 출간기획서에 머물게 해야 한다. 출판사를 칭찬하고 친한 척을 하자. 팔로워가 많은 페이스북이나 인스타그램을 운영하고 있다면 꼭 주소와 팔로워 숫자를 적어두자. 외모에 자신이 있는 초미남 초미녀라면 사진이라도 붙여 넣어야 한다. 찬밥 더운밥 가릴 때가 아니지 않은가.

중소출판사와 대형출판사의 차이

『멈추지 마, 다시 꿈부터 써봐』의 김수영 작가가 최근에 출판사를 차렸다. 2010년도에 메가 히트를 했던 책이었고 나 또한 그녀의 책을 구입해 아직도 소장하고 있기에 왜 출판사를 차렸는지 궁금했다. '책이 잘 팔리니까 직접 판매하려고 하나?'라는 생각을 하기도 했다.

나중에 김수영 작가의 유튜브를 보고 이유를 알게 됐다. 몇 권의 책을 더 냈었는데, 대형출판사에서 나온 자신의 책이 제대로 홍보도 되지 않고 사라지는 것이 너무 슬퍼서 직접 출판사를 차렸다는 것이다. 김수영 작가라면 인지도가 대단한 분인데, 그런 분의 책마저 출판사로부터 외면당한다는 사실이 충격적이었다.

예비작가에게 "베스트셀러 많이 내는 대형출판사에서 출판할래, 아님 중소출판사에서 출판할래?"라고 묻는다면, 당연히 대형출판사를 선호할 것이다. 하지만 대형출판사라고 해서 장점만 있는 것은 아니다. 어느 편집자는 내게 'One of them'이라는 말을 했다.

"대형출판사에서 출판하면 광고도 많이 해주고 좋을 것 같지만 실제로 밀어주는 책은 몇 권 안 돼요. 나머지는 그냥 One of them

이 되는 거죠."

김수영 작가도 그 부분에서 실망한 것이다. 대형출판사에서 한 달에 10권의 책이 나온다면 그중 집중해서 밀어주는 책은 2~3권뿐이다. 나머지는 소외될 수밖에 없다. 김수영 작가도 열심히 쓴 자신의 책이 소외되는 걸 보고 너무 가슴이 아파 직접 출판사를 꾸렸고, 『마음 스파』라는 책을 출간했다. 그녀는 유튜브에서 『마음 스파』를 통해 벌어들인 수익을 공개한 바 있는데, 출판사를 운영하면서 들인 시간과 노력에 비해 수익은 많지 않지만 자신의 책을 홍보하고 많은 사람에게 소개할 수 있어 좋다는 이야기를 한 바 있다.

대형출판사에서 출판해 적극적인 홍보를 받을 수 있으면 참 좋겠지만, 그렇지 못하다면 오히려 중소출판사가 유리할 수도 있다. 중소출판사는 출간하는 종수가 적기에 모든 책에 집중할 수 있다. 비록 자금력이 달리고 공격적인 마케팅을 하지는 못하더라도, 애정을 가지고 홍보할 것이기 때문에 오히려 더 좋은 결과를 얻을 수도 있다.

계약서 사인 전까지는 아무것도 아니다

만약 투고가 잘 되어서 편집자와 미팅을 하게 되거나, 블로그나 페이스북 등을 통해 출판사에서 출간 제의를 해왔을 때 꼭 알아두어야 할 것이 있다. 미팅은 미팅일 뿐이라는 것이다. 미팅이 계약을 뜻하는 건 절대 아니다.

원고의 내용이 좋을 때는 당연히 출판사 쪽에서 계약을 하자고 제시하겠지만, 원고가 미흡하거나 기획 방향의 수정이 필요하다 싶으면 그 부분에 대한 협의를 제시하기도 한다. 원고 수정을 요청한 경우 다시 원고를 써서 보내게 되고, 만약 새로운 원고가 마음에 들지 않는다면 출판사 측에서 진행 중단을 통보하는 경우도 있다.

구두계약이 엎어지기도 한다. 이미 밝힌 바처럼 스노보드 여행에세이 『눈을 만나다』는 출판사가 정해져 있었다. 겨울스포츠에 대한 에세이라 11월 발간을 계획하고 마지막 원고 수정에 박차를 가할 즈음, 갑자기 출판사 측에서 구두계약을 엎어버렸다. 출판사 사정으로 발간이 힘들다는 것이었다.

지인의 출판사였기에 계약서를 쓰지 않고 구두계약으로 이야기했던 것이 화근이었다. 이런저런 사정을 이야기하며 미안하다고 하는데 뭐라 화를 낼 수도 없었다. 결국 『눈을 만나다』는 자비 출판을 했다.

계약서에 사인하기 전까지는 아무것도 아니다. 언제든지 진행이 중단될 수 있고, 구두계약이 파기될 수 있다. 사인 전까지는 마음을 놓지 말자.

계약 시에 알아두어야 할 것들

출판사와의 협의가 잘 되어 계약서를 쓰게 될 때, 알아두어야 할 점들이 있다. 대부분은 표준계약서를 사용하고 특별히 부당한 내용이 담겨있지 않기에 걱정할 필요가 없지만, 그래도 계약 시에는 계약서의 내용을 잘 확인하고 사인을 하는 것이 좋다. 혹시라도 출판사 측이 기분 나빠할 것 같으면 '제가 이런 계약을 처음 해봐서 잘 몰라서….'라는 핑계를 대는 것도 한 가지 방법이다.

특별히 유의해야 하는 부분은 다음과 같다.

■ 계약 기간

계약기간은 대부분 5년이며 특별한 사유가 없다면 자동으로 연장된다. 만약 출판사와의 견해차이로 분쟁이 생긴다면 계약기간이 끝나야 출판권을 찾아올 수 있으므로 주의가 필요하나, 일반적으로는 출판권을 찾아오는 일이 없으니 크게 신경 쓸 필요는 없다.

■ 인세

일반적인 기획출판의 인세는 5~10% 정도다. 신인작가는 7%,

기성작가는 10% 정도의 인세가 기본이며, 그 이상의 인세를 주는 경우는 극히 드물다.

■ 매절

일반적으로는 책의 판매에 따라 인세를 받지만, 매절이라 하여 원고 자체를 넘기는 경우도 있다. 페이지당 가격으로 금액을 산정하는데, 가격은 매우 다양하다. 저자는 책의 판매량과 상관없이 일정 수익을 얻을 수 있으므로 좋지만, 책이 많이 팔려 베스트셀러가 되는 경우 그에 따른 추가 보상을 얻을 수 없다는 단점이 있다.

■ 선급금

계약이 되면 출판사에서는 저자에게 선급금을 지불하는데, 선급금의 의미는 다소 차이가 있다. 계약서를 쓰고 15일 이내에 출판사로부터 입금되는 선급금은 주로 계약금의 의미다. 인세를 미리 주었다 하여 선인세라 부르기도 한다. 계약금을 받는 순간부터 출판사와 금전적인 관계로 엮이게 되는 것이니 긴장을 늦춰서는 안 된다. 선급금을 초판 인세처럼 지급하기도 한다. 이런 경우 선급금 이외에 초판 인세를 더 지급하지 않는 경우가 있으니 꼭 확인해야 한다.

■ 인세의 지급

일반적으로 초판 인쇄부수는 출간 시 결정이 되기 때문에 그에 합당한 인세를 일시불로 지급하는 것이 일반적이다. 하지만 중쇄를 찍게 되면 방법이 좀 달라지는데, '팔린 부수'에 인세 비율을 곱해 분기 혹은 6개월마다 지급하는 것이 일반적이다. 합리적인 방식이지만 분기마다 인세를 계산하고 지급해야 하기 때문에 출판사로서는 번거로운 것이 사실이다. 그래서 '팔린 부수'가 아닌 '인쇄 부수'로 인세를 지급하기도 하는데, 주로 직전 쇄의 인쇄분량만큼 지급한다. 3쇄를 찍으면 2쇄 인쇄분량의 인세를 일시불로 지급하고, 4쇄 때에는 3쇄의 인쇄분량만큼 인세를 지급하는 형식이다. 출판사마다 정해진 방식으로 계약 조건을 제시할 것이다(물론 베스트셀러 작가라면 자신이 원하는 인세 지급방식을 제시할 수 있겠지만 일반적으로는 심히 부당하지만 않다면 출판사가 제시한 대로 따르는 것이 좋다).

■ 인지

'제 책이 얼마나 팔렸는지 어떻게 알 수 있나요?'라고 묻는 분들이 있다. 출판사가 3,000권을 팔고도 1,000권만 팔았다고 하면 어떻게 하느냐고 의심하는 경우다. 예전에는 이런 일을 막기 위해 '인지'라는 것을 사용했다. 출판계에서의 '인지'란 저자의 도장을 찍은 종이다. 저자가 종이에 도장을 찍어 출판사에 넘기면 출판사는 그 도장 찍힌 종이를 책에 붙여 판매했다.

인지가 없는 책은 출판사가 불법으로 판매한 책이니 금방 들통이 날 수밖에 없었다. 하지만 요즘은 인지를 사용하는 책이 거의 없다. 출판사가 책을 출판하기 위해 수천 개의 인지를 하나하나 붙이는 것도 소모적인 일이고, 최근에는 책의 인쇄 및 판매 과정이 전산으로 이루어져 출판사가 작정하고 속이지 않는 한은 그런 불상사가 일어나지 않기 때문에 굳이 인지를 사용하지 않는 것이다. 책의 인쇄와 판매에 대해서는 전적으로 출판사를 믿어야 한다. 예전에는 '저자와 협의하여 인지는 생략하였습니다.'라는 문구가 들어갔으나, 요즘은 그마저도 쓰지 않는다.

■ 원고의 인도

저자는 계약서에 명시되어있는 날까지 원고를 출판사 측에 넘겨야 한다. 이 원고 인도기한을 가볍게 여기는 저자가 있을지도 모르겠다. 하지만 만약 저자가 인도기한을 넘기는 경우, 합당한 사유가 없다면 출판사 측은 계약 해지를 요구할 수 있으며, 일반적으로는 지급받았던 선급금을 돌려줘야 한다. 경우에 따라서는 출판사 측에서 선급금 반환뿐만 아니라 위약금까지 요구할 수 있다. 실제로 이런 문제로 법정싸움까지 간 예가 있다. 따라서 원고 인도기한이 너무 촉박하지는 않은지, 혹시라도 계약 파기 시 위약금에 대한 내용이 있는지 확인해야 한다.

이렇게 이야기를 하니 따져봐야 할 것이 너무나 많아 보이지만, 실제로는 그렇지 않다. 만약 계약하려는 출판사가 지금까지 좋은 책을 많이 만들어왔고 평판이 좋은 출판사라면 크게 걱정할 필요가 없고, 요즘은 인터넷과 SNS가 발달해서 조금이라도 문제가 있으면 바로 글이 올라와 출판사 이미지에 먹칠을 하니 출판사도 평판에 문제가 생길만한 일은 되도록 하지 않는다. 옛날에야 인세를 떼였느니 돈 대신 책으로 받았느니 인쇄부수를 속였느니 했지만, 요즘은 보기 힘든 일이다.

편집자는 항상 옳다

집필에 있어 내가 정해놓은 기준이 있는데, 바로 '편집자는 항상 옳다'라는 것이다. 『가슴을 뛰게 하는 한마디』를 집필해 처음 원고를 출판사에 넘긴 것이 2012년 12월이었다. 계약을 한 지 약 4개월 만에 넘긴 원고인데, 출판사 편집장님께서 몇 가지 수정할 부분을 지적해주었다. 앞부분은 좋은데 뒷부분이 아쉽다 했다. 원고 수정이 들어갔고 한 달 후에 원고를 넘겼다. 이번에도 몇 가지 수정 요청이 들어왔고 챕터의 순서 배열이 바뀌었다. 이후로도 지속적으로 수정이 이루어졌고, 최종 원고가 완성된 것은 2013년 5월 말이었다. 원고로는 7번째였다.

정말 지겨운 작업이었지만 지금 돌이켜 생각해봐도 편집장님의 생각이 옳았다고 본다. 저자의 의견과 편집자의 의견이 엇갈릴 때가 있다. 이럴 때, 나는 무조건 편집자의 의견을 따르라고 말하고 싶다. 아무래도 편집자는 저자보다 출판 경험이 많을 수밖에 없다. 좋은 책을 만드는 노하우를 더 잘 알 테니 원고 수정에서도 더 객관적인 눈으로 볼 수 있다. 게다가, 원고 수정은 편집자에게 있어서는 직장이 걸린 문제다. 원고의 완성도가 높을수록 책이 많이 팔리고, 수입이 늘어난다. 반대로 책이 안 팔리면 돈을 벌지 못하고, 편집자는 실직하게 될지도 모른다. 최선을 다할 수밖에 없는 구조다.

편집자는 남에게 가치 있는 책을 추구하고 저자는 나에게 가치 있는 책을 추구한다. 지금 쓰고 있는 책은 남을 위한 것이라는 걸 망각해서는 안 된다. 편집자의 의견을 받아들이는 것이 실패 확률을 낮추는 지름길이다. 잊지 말자. 편집자는 항상 옳다.

참고로 말씀드리자면, 편집장님의 리드에 따라 만들어졌던 책 『가슴을 뛰게 하는 한마디』는 2013년 하반기 문학나눔 우수도서에 선정되었다. 편집장님의 노력이 아니었다면 결코 이루지 못했을 일이다.

딴죽 거는 편집자가 훌륭한 편집자다

출판을 처음 경험하는 저자라면, 혹은 자존심이 매우 강한 저자라면 편집자의 간섭이 못마땅하게 느껴질 수도 있을 것이다. 나는 지금의 원고가 마음에 드는데 자꾸 이것저것을 고치라고 하니 기분이 상한다. 하지만 꼭 알아두어야 할 것이 있다. 편집자가 수정을 요청하고 딴죽을 거는 것은, 그만큼 원고에 애정이 있기 때문이다. 애정이 없다면 딴죽을 걸 이유도 없다.

일부의 자비출판 편집자는 원고에 애정을 덜 쏟기도 한다(모두 그런 것은 아니지만 그런 편집자도 간혹 있다). 자비출판사는 책을 팔아서 이익을 남기는 것이 아니라 책을 만드는 과정에서 생기는 이윤으로 운영하는 출판사다. 따라서 책을 빨리 많이 만들어야 하고, 기획출판처럼 수개월에 걸친 수정을 할 여유가 없다. 일이 밀리다 보면 어쩔 수 없이 기계적으로 교정교열을 하고, 디자인하고 인쇄한다. 대부분 계약 후 원고가 들어오면 한두 달 내에 책이 나온다.

이때 자비출판사의 편집자가 원고 수정을 요청하는 경우는 거의 없다. 일부만 수정할 뿐 대부분 초고 그대로 책이 되고, 저자가 무언가를 요청하면 "네. 알겠습니다. 저자님." 하고 그대로 받아들이는 경우가 태반이다. '노'를 외치면 그만큼 제작 기간이 길어지기 때문에 저자의 눈치를 본다. 바다로 가야 할 배가 결국 들을 지나 산을 넘어간다.

이런 불상사를 막기 위해서는 편집자의 간섭이 꼭 필요하다. 편집자의 딴죽은 좋은 책으로 자라는 데 필요한 자양분이다. 많을수록 좋다.

글쓰기 교실이란?

수년 전에 동기로부터 연락이 왔다. 평소 글쓰기와는 담을 쌓고 지냈던 친구인데, 갑자기 전화하더니 출판사에서 연락이 왔는데 계약을 해야 하느냐고 묻는 것이었다. 너무 뜬금없어서 도대체 어떻게 된 일이냐고 물었더니, 자기가 글쓰기 교실을 다니면서 출간기획서 쓰는 법을 배웠는데, 반 장난으로 출간기획서를 출판사에 보냈더니 여러 군데에서 연락이 왔다는 것이다.

나는 번번이 출판사로부터 거절당하는데, 그렇게 쉽게 출판사의 연락을 받았다 하니 신기하기도 하고 부럽기도 했다. 생각해보면 그때도 이미 저자와 출판사 사이를 연결해주는 전문가들이 꽤 많았던 것 같다. 글쓰기 교실, 글쓰기 코칭, 책 쓰기 코칭, 퍼스널 브랜딩, 작가 수업 등등 여러 가지로 불리지만, 결국 그들이 하는 일은 '출판사의 선택을 받지 못한 저자가 책을 출판할 수 있게 해주는 것'이다.

그 과정에는 단순히 '글을 쓰는 법'에 대한 내용뿐만 아니라, 책의 기획이나 목차 정리, 출간기획서 수정 등도 포함되어 있다. 출간 후의 마케팅까지 관리해주기도 한다. 이들은 편집자들이 원하는 부분을 잘 꿰뚫고 있기에 실제로 효과를 본 사람이 꽤 있다.

최근 들어 글쓰기 교실이 너무 많아지면서 출판사 편집자들은 매번 비슷한 출간기획서를 받느라 스트레스를 호소하기도 한다. 마치 입시미술처럼, 획일화된 틀이 생기니 개성과 창의성이 사라진다는 것이다. 똑같은 멘트와 형식의 출간기획서를 여러 번 받아본 편집자들은 메일이 오면 '아, 어느 글쓰기 교실에서 보낸 기획서구나.' 하고 딱 감이 온다고 한다. 예전에야 이런 글쓰기교실을 통해 효과를 본 이가 많았지만, 요즘은 편집자들 사이에서 기피대상 1호다.

비용을 들여서라도 책을 내고 싶어 하는 저자들의 심리를 이용한다는 면에서 비난을 받고 있지만, 꼭 나쁜 면만 있는 것은 아니다. 출판사 편집자들이 미처 이야기해주지 못하고 도와줄 수 없는 부분을 그들이 대신한다고 볼 수도 있다. 다만 그들이 책 만들기 코치를 하면서 요구하는 비용이 수백만 원에 이르고, 출판사와 저자 사이에서 불필요한 다리 역할을 하기 때문에 출판 생태계를 교란한다는 문제가 있다. 개인적으로는 그리 추천하고 싶지 않다.

좋은 글쓰기 교실 고르기

이왕 글쓰기 교실의 도움을 받기로 했다면, 최소한의 비용과 노력으로 최대의 효과를 뽑아내는 것이 좋다. 나는 글쓰기 교실의 코칭을 받아본 적은 없으나, 주변에 코칭을 받은 사람이 몇 명 있고 글쓰기 코칭 카페의 글을 읽어본 적이 있다. 그간의 간접적 경험을 통해 알게 된, 좋은 글쓰기 교실을 고르는 방법에 대해 말씀드리고자 한다.

첫 번째, 글쓰기 코치가 베스트셀러 작가인가?
영어 단어를 외우는 획기적인 방법을 개발해낸 예비작가가 있었다. 영업 비밀(?)이었기에 그 노하우를 내게 말해주지는 않았지만, 정말 쉽게 많은 단어를 외울 수 있다고 했다. 그 영단어 암기법을 책으로 쓰려고 했는데, 아쉽게도 세상에 나오지 못했다. 저자가 영어를 잘 못했기 때문이었다.
영어 단어를 쉽게 외울 수 있다는 것은 영어를 잘 하게 된다는 뜻인데, 정작 저자가 영어를 유창하게 하지 못하면 누가 그 책을 믿고 사겠느냐는 것이었다. 즉, 이론은 실제적인 결과로 나타나야 한다. 그렇지 않으면 그저 뇌내망상이 될 뿐이다.

베스트셀러 작가가 아니라 스테디셀러 작가라도 된다면 조금 신뢰가 가지만, 정작 글쓰기 코칭을 하는 사람이 글을 못 쓰거나 좋은 책을 만들지 못한다면 믿음이 가지 않는다. 실제로 글쓰기 코칭을 하는 강사 중 말만 번지르르할 뿐 제대로 성과를 내지 못한 사람이 많다. 물론 선수와 코치는 다르다. 하지만 어느 정도는 이론뿐 아닌 실제 결과물도 있어야 하지 않을까.

두 번째, 코칭을 받고 출간된 책을 살펴보라.
코칭을 받은 책이 어떻게 되었는지 확인해보자. 활발한 활동을 하는 출판사에서 출판되었는지, 많이 팔렸는지, 책의 구성은 알찬지 따져봐야 한다. 혹시라도 책을 낸 출판사가 자비출판을 주로 하는 곳은 아닌가 확인할 필요가 있다. 서점에 가서 책을 들춰보면 몇 쇄나 찍었는지 대략 알 수 있고, 목차와 디자인을 보면 책의 수준을 알 수 있다.

세 번째, 너무 자신만만하면 의심하라.
자신에게 코칭을 받기만 하면 베스트셀러가 될 것처럼 이야기하거나, 누구나 책을 쓸 수 있다는 듯이 유혹하거나, 책만 내면 그 분야의 전문가가 되어 강의도 하고 승진도 할 것이라 허황된 꿈을 늘어놓는 사람은 피하는 것이 좋다. 글쓰기 코칭을 하는 사람 중에는 출판계에 몸담은 경험이 얼마 안 되거나, 아예 다른 분야에서 일하다가 주변에서 주워들은 몇 가지 지식으로 초보 저자들을 유혹하는 경우가 가끔 있다. 진정한 고수는 말을 아끼는 법이다.

네 번째, 어떻게든 책을 내게 해준다는 확답을 들어라.
글쓰기 교실에서 코칭을 받는 비용은 원고 하나당 수백만 원에 이른다. 책 한 권을 자비출판 하는 비용과 맞먹는다. 이렇게 거금을 내고 수업을 들었는데, 정작 내 책을 갖게 되지 못한다면 얼마나 슬픈 일인가. 출판사에 투고했는데 모두 거절당하는 최악의 상황이 발생할 경우, 자비출판이든 어떤 방법이든 간에 책을 만들어주겠다는 확답을 듣는 것이 좋다.

가능하면 글쓰기 교실의 도움을 받지 않는 것이 이상적이지만, 이왕 도움을 받기로 했다면 최대한의 효과를 뽑아낼 수 있도록 미리미리 알아봐야 후회할 일을 만들지 않으리라 생각한다.

Chapter 5

자비출판은 차선이 아니라 최선입니다

책 못 내니 청춘이다?

메가 히트한 『아프니까 청춘이다』라는 책이 있다. 아프면 환자지 무슨 청춘이냐는 비난을 받기도 했지만, 이 시대 젊은이들의 고민을 위로해주는 좋은 책이었다고 생각한다.

예비작가에게 이 책의 내용을 적용하면 어떨까. 책 못 내니 청춘이라고 해야 하나. 개인적인 경험으로는 그것도 나쁘지는 않을 것 같다. 나는 고등학생 때부터 글쓰기를 좋아해 20대 초반에 등단하려고 무던히 애썼으나 결국 실패하였고, 30대가 되어서야 수필 부문 등단하였으며 첫 책은 마흔이 다 되어 나왔다. 20대 초반부터 두각을 나타내는 요즘 작가들에 비하면, 나는 정말 뒤처져도 한참 뒤처진 퇴물 격이다.

하지만 그게 뭐 어떻단 말인가.

책을 써서 먹고살아야 하는 전업 작가라면 문제가 되겠지만, 요즘은 책을 써서 먹고살아야겠다는 생각보다는 자신의 욕망 충족을 위해, 꿈을 위해 나만의 책 한 권을 가지려는 경우가 더 많다. 그리고 책을 써서 일반 직장인 수준의 돈을 벌겠다는 꿈은 다소 비현실적이다. 그 정도로 돈을 버는 사람은 일부 베스트셀러 작가뿐이고, 대부분은 다른 직업을 병행한다.

어차피 먹고살려고 책을 내는 것도 아닌데, 그게 20대가 되었든 40대가 되었든 무슨 상관이란 말인가. 오히려 세월이 쌓아준 경험 덕에 글이 완숙되어 늦게 만든 책이 더 좋을 수도 있다. 내 경우는 그랬다.

또한, 꼭 기획출판을 할 이유도 없다. 돈 욕심을 버리고 조금만 자존심을 굽히면 자비출판으로도 꽤 훌륭한 책을 만들 수 있다. 대부분의 수필작가는 수년간 써온 자신의 수필을 모아 자비출판을 한다. 그게 그리 부끄러운 일이 아니니다.

지금 내가 책을 못 냈다고 해서 슬퍼할 이유는 없다. 삶은 길고 기회는 많다. 내 원고가 출판사로부터 선택받지 못했다 해서 좌절할 필요도 없다. 요즘은 자비출판으로 나온 책도 시중에서 판매가 되고, 1인 출판으로 나온 책이 베스트셀러가 되기도 하는 등 자비출판, 1인 출판, 기획출판의 벽이 점점 허물어지고 있기에 꼭 기획출판을 고집할 필요가 없다.

돈만 있으면 책 내는 건 쉽다

자비출판이란 말 그대로 자비自費, 자기가 비용을 부담하여 책을 내는 것이다. 일반적인 기획출판에서는 저자가 원고만 제공할 뿐 책을 만드는 제반 비용은 출판사에서 부담하게 된다. 이 경우 출판사는 책이 많이 팔리지 않을 경우의 위험요소, 즉 리스크를 안고 가게 된다. 만약 이 리스크로부터 벗어나고 싶다면 저자에게 일정 부분의 도움을 요청할 수 있는데, 가볍게는 책을 몇백 권 구매해달라는 요구에서부터 출판비 전액을 부담해달라는 자비출판까지 매우 다양하다.

자비출판은 위험요소를 줄여 출판사가 적극적으로 출판을 밀어붙일 수 있게 도와주는 장점이 있다. 하지만 현재의 자비출판은 그 의미가 다소 변질되었는데, 비용을 지원받아 좋은 책을 만들어 팔아보겠다는 마음을 먹는 것이 아니라 그냥 책을 만들어주고 남는 수익으로 출판사를 이어가는 곳이 많다. 책을 많이 만들어낼수록 수입이 늘어나니 천천히 좋은 책을 만들려는 의도가 부족해지고, 결국 고만고만한 수준의 책이 나오는 문제점이 생긴다.

하지만 단점만 있는 것은 아니다. 이미 말한 바와 같이 여러 가지 취향의 책이 만들어질 수 있는, 책 생태계의 다양성과 독창성을 높일 기회가 열렸다. 저자의 기획력에 따라 전혀 새롭고 재미있는 책들이 만들어질 수 있다는 것이다. 다만, 비용이 들 뿐이다.

출판사에 투고하다가 매번 거절 메일만 받아왔던 예비작가라면, 자비출판사에 출판 견적 문의 메일을 보내고 깜짝 놀랄 수도 있다. 열 군데에 보내면 아홉 군데는 당일 혹은 다음날 바로 견적 메일이 온다. 지금까지 느껴왔던 모멸감과 자괴감을 한 방에 날릴 수 있다. 자비출판사들의 적극적인 구애를 받다 보면, 내가 왜 그렇게 기획출판사에 목을 맸던가 하는 생각마저 들 수 있다. 돈만 내면 책 내는 건 아주아주 쉬운 일이다. 그게 어쩔 수 없는 자본주의의 실상인 것이다. 하지만 거듭 말하지만, 자비출판이 나쁜 건 아니다. 잘만 이용하면 매우 좋은 결과를 낳을 수도 있다.

왜 견적이 다 다를까?

조건에 따라 차이가 많지만, 흑백 인쇄 200페이지 정도의 책을 1,000권 인쇄하기 위해 자비출판사에 견적을 의뢰하면 비용은 대략 250~300만 원 정도가 든다. 비싼 곳은 800만 원을 제시하기도 한다. 왜 이렇게 차이가 날까?

책을 만드는 데 들어가는 비용은 기본적으로 종이 구입비 + 인쇄비 + 편집비 + 교정교열비 + 디자인비다. 번역비나 일러스트, 대필 비용이 들어가는 경우도 있지만 지금은 제외하기로 하자. 각각 들어가는 비용은 그야말로 천차만별인데, 일반적으로 종이 구입비와 인쇄비는 출판사마다 큰 차이가 없다. 출판사가 직접 인쇄를 하는 것이 아니라 인쇄소에 의뢰하게 되는데, 인쇄소도 경쟁이 심하다 보니 가격이 거의 평준화되어 있다. 차이가 나는 것은 바로 편집과 디자인 비용이다. 책임 편집이라 하여 기획부터 본문 편집, 보도자료 작성, 광고 카피 작성 등을 도맡아 하는 경우 비용은 대략 100만 원부터 250만 원 정도다. 교정교열비는 페이지당 2,500원~5,000원 정도고 본문 디자인은 페이지당 3,000원에서 10,000원 사이이며, 표지 디자인은 50만 원에서 150만 원 정도가 일반적이다. 이렇게 비용을 산출하면 책을 1,000부 인쇄하는 데

800만 원이 되는 것이다.

그렇다면 250만 원짜리 견적은 어떻게 나온 것일까? 자비출판의 경우 출판 비용을 줄이려는 경향이 많기 때문에, 편집과 디자인을 자체적으로 해결하는 경우가 대부분이다. 최소한의 기획으로 저자가 넘겨준 원고를 거의 그대로 사용하고, 보도자료 작성과 배포도 따로 비용을 받는다. 교정교열도 편집자가 하고 표지 및 본문 디자인도 출판사 내의 디자이너가 맡는다. 최대한 비용을 절감하다 보니 250만 원에 책이 나오게 되는 것이다.

비용이 적게 든다고 해서 좋아할 일이 아니다. 시장경제의 이론에 따라 일반적으로 비용이 적게 들면 책의 질도 떨어지게 된다. 비용이 많이 들수록 책의 질이 좋아지는 경우가 대부분이나, 항상 그렇지 않다는 것은 염두에 두어야 한다. 세상 물정 모르는 사람을 노리는 이는 어디에나 있으니까.

이제 책을 만드는 데 어느 정도의 비용이 들어가는지 대략 알 수 있으리라 믿는다. 만약 이 부분에 대해 조금 더 자세한 정보를 알고 싶다면, 이 책을 추천한다.

『출판 고수 정리노트』 - 이시우 지음, 투데이북스

기획부터 인쇄, 디자인 및 홍보까지 자세히 설명해놓은 책인데, 특히 비용 부분이 잘 정리되어 있으니 도움이 되리라 생각한다.

인세가 45%? 대박!

인세는 일반적으로 7~10% 정도라 말한 바 있다. 그런데 일부 자비출판사에서는 인세를 45%나 준다고 강조한다. 책값의 45%를 인세로 준다는 것인데, 도대체 어떻게 이런 일이 벌어질 수 있는 것일까?

인세를 이해하기 전에 알아두어야 할 것이 바로 공급률이다. 공급률이란 책을 서점에 넘길 때 얼마의 가격에 넘기느냐인데, 일반적으로 60% 정도다. 즉, 10,000원짜리 책을 서점에 넘길 때는 6,000원만 받고 넘긴다는 것이다. 서점에서는 10,000원짜리 책에서 10%를 할인해 9,000원에 판다. 즉, 6,000원을 주고 출판사로부터 책을 사서 9,000원에 파니 3,000원이 남는 셈인데, 이 안에서 인건비와 창고비, 월세, 배송비 등을 해결해야 한다. 서점도 많이 남는 장사는 아니다. 흔히 볼 수 있었던 동네 서점들이 문을 닫는 이유도 여기에 있다.

출판사의 입장으로 돌아오면, 서점으로부터 6,000원을 받아 그 중 인세로 1,000원을 저자에게 주고, 남은 5,000원 중 책 제작비를 제외한 나머지가 수익이 된다. 책 제작비는 일반적으로 책값의 15~25% 정도지만, 천차만별이기에 딱히 얼마라 이야기하기는 힘들다.

다시 자비출판 이야기로 돌아와 보자. 자비출판사가 60%의 공급률로 서점에 책을 넘겼다면 6,000원이 남았을 것이다. 이 중 45% 인세로 4,500원을 저자에게 주면 1,500원이 남는다. 기획출판 때와는 달리, 책 제작비를 저자가 모두 부담하였으니 1,500원은 온전히 출판사의 수입이 된다. 그 수입 내에서 창고비와 배본비를 감당하면 된다. 그렇기에 인세 45%가 가능한 것이다.

어쨌든 책만 팔리면 기획출판의 4.5배에 이르는 인세를 받을 수 있으니 훨씬 이득이 아니냐고 생각할 저자가 있을지도 모르겠다. 하지만 책이라는 게 얼마나 정성을 들여 잘 만들었느냐에 따라 판매량은 하늘과 땅 차이가 되며, 출판사의 마케팅도 크게 영향을 미친다. 기대만큼 팔리지 않을 가능성이 높다는 것을 알아두었으면 한다. 그리고 잊지 말아야 할 것은, 자비출판사와의 계약은 대부분 1~2년 정도라는 것이다. 계약기간이 끝나면 팔리지 않은 책은 저자가 가져가야 한다. 출판사에서는 팔리지도 않는 책을 보관해둘 필요가 없기 때문이다. 또한 일부 출판사에서는 창고비를 따로 요구하는 경우가 있으니 꼭 미리 물어봐야 한다.

오프셋? 마스터? POD?

자비출판을 하기로 마음먹었다면, 어떤 방식의 인쇄를 할지 선택해야 한다. 하지만 고민할 필요 없다. 대부분의 자비출판사는 목적에 맞는 인쇄 방식을 추천해줄 것이다. 그래도 걱정이 된다면, 이런 점들을 고려해 선택하면 된다.

① 흑백? 2도? 4도?

오프셋 인쇄를 할 때는 1도, 2도, 4도 중 하나를 선택해야 한다. 일반적인 서적은 2도를 가장 많이 사용한다. 흑백으로 된 책은 아무래도 밋밋해 보이기 때문이다. 다만, 색을 추가할 때마다 비용이 늘어나는 것은 감안해야 한다. 여행에세이 등 사진이 많이 들어간다면 4도를 선택하는 것이 좋다.

② 오프셋? 마스터? POD?

가장 일반적인 인쇄 방식은 오프셋이다. 만약 1,000권 정도의 책을 찍을 예정이라면 오프셋 인쇄가 가장 무난하다. 하지만 500권 이하의 흑백이라면 마스터인쇄도 나쁘지 않다. 이 부분은 출판사에서 가장 합리적인 인쇄 방식을 추천해줄 것이다.

만약 100권 이내의 책만 인쇄할 거라면, 오히려 디지털인쇄가 저렴할 수 있다. 다만 100권이면 수량상 서점 유통이 힘들다는 것은 알아두어야겠다.
좀 특별한 POD 출판사가 있는데, 북랩출판사는 POD 인쇄를 하면서도 오프라인서점에 유통하는 특이한 경우다. 인쇄 방식은 고속디지털인쇄를 사용하지만, 일정 재고를 보유하여 오프라인서점에 유통하고, 심지어 매절영업도 한다. 저자 소유분의 책을 적게 받을 계획이라면 오히려 초기 비용이 적게 들어가는 장점이 있다.

③ 계약기간은 몇 년을 예상하는가?
일반적인 자비출판의 경우 계약기간이 1~2년이다. 무슨 뜻이냐면 2년 계약을 한 경우, 2년이 지나면 계약 연장을 하지 않는 한 출판사는 그 책을 더 이상 유통하지 않는다는 뜻이다. 책은 절판이 되고, 재고는 저자가 떠맡게 된다. POD 방식으로 제작을 하는 경우는 재고 조절이 용이해 좀 더 장시간 계약을 할 수 있다는 장점이 있다. 즉, 1,000권을 찍었다 하면 오프셋 자비출판의 경우 그 책을 2년 안에 다 팔아야만 하는 부담이 있는데, POD 자비출판은 특별한 사유가 없는 한 몇 년이든 책을 팔 수 있고 절판이 되지 않는다는 장점이 있다.

④ 책을 많이 팔 자신이 있는가?

책을 많이 팔 자신이 있다면, 대량의 책을 저렴하게 찍을 수 있는 오프셋 인쇄가 유리하다. POD는 책의 단가가 오프셋 인쇄보다 높기 때문에 인세도 적게 받을 수밖에 없다. 오프셋 인쇄와 POD 인쇄는 장단점이 분명해서 처음 책을 내는 사람은 결정하기 힘들 수도 있다. 여러모로 따져봐서 자신에게 맞는 인쇄 방식을 선정하는 것이 좋다. 이 부분에 대해서는 챕터 6에서 다시 자세하게 다룰 예정이다.

저자의 간섭이 필요하다

자비출판을 전혀 경험해보지 못했던 사람이라면, 원고만 넘겨주면 출판사에서 알아서 책을 잘 만들어주는 것으로 생각할 수도 있다. 물론 맞는 말이다. 원고를 주면 그것을 알아서 책으로 만든다. 그 '알아서'에 함정이 있다.

자비출판사는 그간 출간을 많이 해온 경험을 바탕으로, 어떻게 하면 알맞은 형식의 책을 가급적 짧은 기간 내에 만들어낼 수 있는지에 대한 노하우를 가지고 있다. 그렇기에 적당한 수준의, 책다운 책은 나온다. 하지만 서점에서 잘 팔리지는 않는다. 왜 그럴까? 자비출판사에서 중요시하는 것은 편집과 디자인이다. 겉으로 보기에 멀쩡해 보이는 책을 만드는 것이 목적이기 때문이다. 하지만 책은 겉모습보다 속이 더 중요하다. 어떠한 내용을 담고 있는지에 대한 고민이 필요한데, 그것을 다듬는 것은 매우 오랜 시간이 걸린다. 그렇기에 자비출판사는 기획이나 원고 수정에 큰 비중을 두지 않는다. 자비출판은 얼마나 많이 팔리는 책을 만드느냐가 중요한 게 아니라, 얼마나 저자의 마음에 드는 책을 만드는가가 중요하기 때문이다.

결국, 자비출판에서는 저자가 기획자의 역할까지 해야 한다. 자비출판사의 편집자가 있기는 하지만 기획보다는 교정교열이나 내지 편집을 중점적으로 한다. 저자 스스로 기획하고, 그에 맞는 원고를 집필하는 노력이 필요하다. 아무런 의견도 없이 지켜보기만 하면 그저 그런 책이 만들어질 뿐이다.

잊지 말자. 자비출판에 있어서 저자는 저자가 아니다. 저자일 뿐만 아니라 기획자여야 한다.

책을 내면 다 교보문고 매대에 올라가는 거 아니에요?

돌이켜 생각해보면, 기획출판으로 세상에 나온 내 첫 번째 책은 꽤나 오랜 시간 동안 서점의 매대에 놓여있었다. 당시 출판사의 마케팅 팀에서 열심히 일한 덕분이었겠지만, 그때만 해도 나는 그런 것을 잘 몰랐다. 당연히 책이 나오면 매대에 올라가는 줄만 알았다.

자비출판을 해보니 현실을 깨달을 수 있었다. 일반적인 자비출판 책은 오프라인서점의 매대에 올라가지 않는다. 아니, 조금 더 냉정하게 말하자면, 오프라인서점에 아예 공급이 안 될 수도 있다. 왜 그럴까?

서점 측에서 볼 때는 공간 자체가 비용이다. 팔릴만한 물건을 매대에 올려야 매상이 올라가는 것은 당연한 이치다. 팔리지도 않는 책을 매대에 올릴 이유는 없다. 자비출판된 책은 대부분 '잘 팔리지 않을 것 같아' 출판사들이 거절한 원고다. 서점이 보기에도 크게 다를 것이 없다.

매대에 오르려면 서점이 보유한 책이 2권 이상이어야 한다. 매대에 책 한 권만 달랑 올려놓기는 어렵기 때문이다. 물론 최근에는 하도 책이 안 팔리다 보니 신간의 경우 한 권이어도 매대에 올라오는 경우가 드물게 있다(경험담이다). 그렇다면 한번 생각해보자. 현재 44개의 매장을 운영하는 교보문고를 예로 들면, 출판사로부터 책을 받아서 한 매장당 한 권의 책만 보낸다고 해도 44권의 책이 필요하다(물론 매장마다 면적이나 주 고객층이 다르기 때문에 일반적으로 모든 매장에 책을 보내지는 않는다). 만약 출판사로부터 10권의 책을 받았다고 하면 교보문고 MD는 어떻게 할까? 아마도 5권은 광화문, 강남, 잠실, 부산, 영등포 정도에 보내고 나머지는 인터넷 판매를 위해 쌓아둘 것이다. 매대에 올라갈 수가 없다.

일반적으로 매대에 올라가려면 교보문고가 보유하고 있는 책이 30권 정도는 되어야 한다. 30권이어도 매대에 올라가는 일은 드물고, 50권 정도라면 매대 진열을 기대해볼 수 있다. 그렇다면 교보문고가 책을 몇 권이나 보유하는지는 어떻게 결정되는 것일까? 바로 매절영업, 그리고 담당 MD와의 미팅이다.

책이 나오면 출판사의 마케터는 교보문고에 찾아가 그 책이 속한 분야의 담당 MD를 만난다. 5~10분 정도의 짧은 미팅 동안 책의 장점에 대해 설명하고, 매절을 해줄 것을 부탁한다. 담당 MD는 책을 살펴보고 설명을 들은 후 책을 얼마나 구입할 것인지 결정한다. 일반적으로 10권 정도가 기본이고, 각 매장에 뿌릴 생각이라면 30권, 좀 팔릴 것 같아 매대에 올리고자 하면 50권 이상을 매절로 구입한다(수량은 정해져 있는 것이 아니다. 일반적인 내용일 뿐).

매절買切이란 원래 반품을 하지 않는다는 조건 하에 대량으로 구매하는 방식이다(안타깝게도 요즘은 매절로 팔린 책도 반품이 되지만). 어찌 되었건 책을 많이 구입해야 매장에 많은 수의 책을 보내게 되고, 매대에 올라갈 기회가 높아지는 것이다. 따라서 50권 이상의 책을 매절로 판매했다면 매대 진열을 기대할 수 있고, 그 이하라면 매대에 오를 가능성이 낮다는 것을 알고 있어야 한다. 특히 MD 미팅 등을 진행하지 않아 책이 10권 이하로 들어갔다면 매대에 오를 확률은 제로에 가깝다.

그렇다면 어떻게 해야 담당 MD의 마음에 들어 매대에 올라갈 수 있을까? 정답은 하나다. 책이 좋아야 한다. 편집자가 좋은 원고를 찾아내는 데 귀신이라면, MD는 좋은 책을 찾아내는 귀신이다. 딱 보면 팔릴만한 책과 그렇지 않은 책을 구분해낼 수 있다. 매대에 책을 올리고자 한다면, 좋은 책을 만들어내는 수밖에 없다. 물론 다른 방법도 있다. 수십만 원을 주고 광고 매대를 사는 것이다. 그래봤자 책이 좋지 않으면 팔리지 않는 건 변함이 없지만 말이다. 출판사 마케터의 역량도 무시할 수 없다. 출판사의 3대 인력으로 에디터, 디자이너, 마케터를 꼽는 이유가 여기에 있다.

책만 내고 나 몰라라 하는 출판사들

가끔 자비출판으로 책을 낸 저자들이 불만을 토로하는 것을 볼 수 있다. 출판사가 책을 만든 이후에 홍보하거나 판매하려는 노력을 전혀 하지 않는다며 분개한다. 하지만 출판 쪽의 상황을 좀 아는 사람이라면 오히려 그 저자의 행동이 이상하게 느껴질 수도 있다. 자비출판을 하고 출판사에 책까지 팔아달라 하는 건 너무한 욕심이 아닌가 싶은 것이다.

거듭 말하지만, 자비출판이 되었다는 것은 그 책이 잘 팔리지 않을 만한 내용을 담고 있다는 뜻이다. 가치가 없다는 뜻이 아니다. 오해하지 마시길 바란다.

가치 있는 책과 팔리는 책은 좀 다르다. 팔리지 않을 만한 원고이니 출판사에서 출간을 주저하였고, 그래서 자비출판을 한 것인데 자비출판사라고 해서 뾰족한 수가 있을 리 만무하다.

게다가 일반적으로 자비출판사는 책을 만드는 것까지만 진행을 하고, 이후의 마케팅까지 원한다면 저자가 그에 합당한 비용을 지불해야 한다. 그런데 계약서에는 그 부분에 대한 내용이 없을 것이다. 마케팅도 다 비용이 들어가는 것인데 계약서에 없는 부분을 요구하면 안 된다.

그럼에도 불구하고 저자 입장에서는 출판사가 야속하게 느껴질 수 있다. 비싼 돈 내고 책을 만들었는데 한 권도 팔리지 않는다면 그보다 아쉬운 일이 어디 있겠는가. 이럴 때는 방법이 있다.

첫 번째, 비용을 지불하고 마케팅을 요구한다.
일반적으로 출판사에서 진행하는 마케팅 툴로는 매대 광고, 언론 마케팅, 서평이벤트 등이 있다. 매대 광고란 서점의 매대를 돈 주고 사는 것이다. 때에 따라서는 포스터나 디지털 사이니지 광고를 같이 진행하기도 한다. 언론사에 책과 보도자료를 보내 기사가 나오게끔 할 수 있으며, 책을 제공하고 서평을 받는 서평이벤트도 일반적이다. 물론 공짜는 아니기에 그에 합당한 비용을 지불해야 한다.

두 번째, 저자 마케팅을 해볼 수 있다.
자비출판의 마케팅은 오히려 저자가 신경 써야 할 부분이 많다. 저자가 운영하는 SNS를 통해 홍보하고, 지인에게 알려 책을 구매해달라고 부탁해볼 수 있다. 강연회나 북콘서트도 도움이 된다.

계약서를 작성할 시 마케팅에 대한 내용을 추가할 수 있으니 이 부분에서는 계약 시에 꼼꼼히 따져서 출판사에 자신이 원하는 것을 정확하게 요구해야 한다. 아무런 말을 하지 않으면 출판사는 아무것도 하지 않는다. 그것은 자비출판사의 기본적인 생리이니 섭섭해할 필요도, 마음 아파할 필요도 없다.

반기획출판은 어떨까?

출판시장이 어려워지다 보니 여러 가지 시도가 이루어지고 있는데, 최근에는 반기획출판 혹은 협력출판이라고 하는 새로운 형태가 생겨났다. 출판사와 저자가 '협력'해서 좋은 책을 만들자는 것인데, 이론적으로는 나쁘지 않은 방식이다. 다만 현실적으로는 어려운 면이 없지 않다.

일단 '협력'이라는 게 어떤 것인지 생각해보자. 비용을 반반 나누어 부담하는 것도 있지만, 최근의 협력출판은 다음과 같은 형태를 띠기도 한다.

출판사 : 기획, 교정교열, 편집, 디자인, 홍보에 투자한다.
저자 : 종잇값과 인쇄비를 부담한다.

즉, 반기획출판은 기획출판과 다를 것이 없다. 출판사는 기획을 하고, 원고를 다듬고, 책을 예쁘게 만들어 인쇄한 후 홍보를 해 판매한다. 다만 한 가지, 저자의 비용부담이 있다는 것만 다를 뿐이다.

그렇다면 이것이 어떻게 윈윈 전략이 될 수 있었을까? 기획출판을 하자니 판매량이 썩 많지 않을 것 같은 원고나, 꽤 참신하기는 하지만 아직은 투박해 보이는 원고의 경우 출판사 입장에서는 덥석 받아들이기 고민될 수 있다. '손해만 보지 않는다면 해볼 만할 텐데….'라는 생각이 드는 그런 원고들 말이다. 이런 원고들이 반기획출판의 대상이 된다. 출판사 측에서는 저자가 비용을 대니 책의 실패에 따른 충격을 완화시킬 수 있고, 저자의 입장에서는 출판사가 여러모로 신경을 써주니 좋은 책을 만들 수 있어서 좋다.

하지만 여기까지는 협력관계가 아주 잘 되어 좋은 결과를 내었을 때의 일이고, 마냥 장점만 있는 것은 아니다. 만약 일정 수준이 되지 않는 원고라면, 출판사 측에서 반기획출판을 주저할 수 있다. 즉, 어느 정도 원고의 수준이 높아야 한다는 것이 걸림돌이다. 저자 입장에서는 좀 억울한 면도 있을 수 있다. 출판사의 요청으로 기획의 변경이라든가 원고 수정 등 고생은 고생대로 하는데 돈까지 내야 하기 때문이다.

그렇기에 아직까지 반기획출판은 그리 활성화되어있지 않다. 전망도 그리 밝아 보이지 않는다. 확신이 없는 작업이 과연 좋은 결실을 볼 수 있을까. 애초에 편집자가 긴가민가한 원고라면 고치고 다듬어봐야 큰 성공은 어렵지 않을까. 개인적인 생각은 그렇다.

좋은 자비출판사 고르는 법

이왕 자비출판을 하기로 했다면 되도록 자신의 책을 잘 만들어 줄 출판사에서 책을 내는 것이 좋을 것이다. 그렇다면 출판사는 어떻게 골라야 할까?

일단 인터넷 검색을 통해 자비출판사들의 목록을 추려보고, 홈페이지에 방문해 출판사가 낸 책들을 살펴보는 것이 좋다. 책의 디자인을 보면 그 출판사 디자이너의 능력을 가늠해볼 수 있다. 혹시 서점에서 많이 팔리는 책이 있는지 확인해보자. 베스트셀러라고 소개된 책이 있다면 교보문고나 예스24에 들어가 검색해보자. 교보문고에서는 현재 오프라인서점에 몇 권이 풀려있는지 확인해볼 수 있고, 예스24에서는 판매지수를 통해 책이 잘 팔리고 있는지 간접적으로 알 수 있다.

괜찮은 출판사들을 찾았다면, 서너 군데 견적 의뢰를 넣어보길 바란다. 아마 비슷한 내용의 견적을 보내올 것이다. 자비출판 비용은 거의 평준화되어있기 때문에 출판사마다 큰 차이가 없다. 다만 눈에 띄게 비용이 적거나 많은 곳이 있을 수 있는데, 되도록 그런 곳은 피하는 것이 좋다. 비용이 적은 곳은 무언가 재료비를 절감해 책의 질이 떨어질 수 있고, 계약서에 사인할 때 이런저런 이유로 추가 비용을 요구할 수도 있다. 특히 온라인서점 판매를 할 때 창고비를 책정하는 경우가 있으니 확인해야 한다. 디자인비를 비싸게 부르는 곳도 있는데, 물론 디자인은 비용을 많이 들일수록 양질의 결과를 얻을 수 있는 경우가 일반적이지만, 비용 대 효과를 따져봐야 한다.

자비출판에 있어서, 좋은 출판사를 고르기는 쉽지 않다. 좋은 편집자를 만나는 것은 운명과도 같은 일이니, 여러모로 알아보고 좋은 인연을 찾아보는 수밖에 없다.

초판은 꼭 1,000권을 찍어야 하나요?

자비출판을 할 때 고민하는 것 중 하나가 '몇 부를 인쇄할 것인가?'이다. 일반적으로 1,000권을 찍는데, 이유는 '500권 찍으나 1,000권 찍으나 비용 차이 별로 안 나요.'라는 말을 들었기 때문이다. 예를 들어 500권을 찍을 때 225만 원이 들고 500권을 더해 1,000권을 찍을 때 270만 원이 든다고 치자. 500부를 찍을 때의 책 제작비용은 권당 4,500원이고, 1,000권을 찍을 때는 권당 2,700원이다. 누가 봐도 1,000권을 찍는 게 유리하지 않은가.

하지만 꼭 그렇지만은 않다. 500권을 더 찍기 위해 45만 원이라는 돈을 지불해야 하는데, 책이 팔리지 않는다면 그대로 손실이 된다. 지인에게 나눠주면 되지 않느냐고 생각하겠지만 500권을 나눠주는 것도 참 손이 가는 일이다. 만약 창고비를 따로 지불하기로 계약했다면 그 비용도 무시할 수 없다.

제작 부수를 정할 때는 합리적인 판단이 필요하다. 자신이 소비할 수 있는 부수와 판매량을 잘 생각해 부수를 정해야 비용 손실을 최소한으로 만들 수 있다. 1,000권을 제작한다고 해서 좋은 것도 아니고, 500권을 제작한다고 너무 적지 않은가 생각할 필요도 없다. 필요한 부수에 맞게 제작하면 된다.

Chapter 6
셀프출판이 트렌드죠

이제는 DIY 시대

바야흐로 DIY 시대다. Do It Yourself. 예전에는 돈을 지불하고 완성품을 배달받았다면, 요즘은 돈을 주고 재료를 사는 시대다. 그것을 설계도에 따라 스스로 만들면 완성품이 된다. 공임이 적게 들어가니 비용이 저렴해지고, 조립하는 과정이 그리 어렵지 않기에 일반인들의 만족도도 높아진다.

내 책 한 권을 내는데 200만 원이 넘는 돈이 든다고 말하면, 출판사를 운영하는 사람은 '그거밖에'라고 생각하고 예비작가들은 '그렇게나'라고 느낄 것이다. 자신의 꿈을 위해 수백만 원을 지불하는 것이 아깝지 않은 이도 있겠지만, 대부분은 목돈이 들어가는 것에 주저하고 가능하면 부담을 최소한으로 줄이고 싶어 한다. 그런 이들을 위해 생긴 것이 바로 셀프출판이다.

셀프출판이란 말 그대로, 스스로 책을 출간하는 것이다. DIY 시대에 걸맞은 출판 방식이다. 출판사에서 미리 제공하는 편집 템플릿에 맞추어 스스로 편집을 하고, 표지를 따로 제작하거나 출판사에서 제공한 표지를 다듬어 책을 찍어낸다. 출판사에서는 최종 완성된 PDF 파일을 POD로 인쇄하기만 하면 되니 돈이 들어갈 일이 없다. 말 그대로, 0원으로 출판할 수 있다.

책을 내는 데 가장 큰 걸림돌이었던 비용 부분이 해결되니 책 내기가 한결 수월해졌다. 특히 한글 프로그램이나 인디자인을 잘 다루는 사람이라면 내지 편집도 기존의 기획출판 못지않게 훌륭하게 해낼 수 있기 때문에, 자금이 부족한 저자에게는 그야말로 단비와 같은 출판 형태라 할 수 있다. DIY 시대에 맞는 새로운 형식의 출판으로, 발전 가능성이 무궁무진하다. 하지만, 빛이 있으면 그늘도 있기 마련이다. 장점도 많지만, 결론적으로 말하자면 셀프출판은 조심해야 할 부분이 많다. 장단점을 자세히 이야기해 보자.

0원으로 출판하기

셀프출판의 첫 번째 장점은 비용 절감이다. 막말로 0원을 들여 책을 낼 수 있다. 기존에 제공된 템플릿에 원고를 적용해 적당히 편집한 후 표지를 골라 제목을 쓰면 끝이다. 원고만 있으면 한 시간 만에 뚝딱 책을 만들어낼 수 있다.

두 번째 장점은, 책의 다양성에 기여한다. 서점에 가보면 베스트셀러에 올라와 있는 책들은 다 비슷비슷한 내용을 담고 있다. 소위 트렌드라는 것인데, 어떻게 보면 비슷한 주제가 모여 내용을 풍성하게 한다고 생각할 수 있지만 그 주류에 포함되지 않는 책들은 아예 출판 자체가 힘들어지는 문제점을 가지고 있다. 그런 면에서 셀프출판은 매우 훌륭한 순작용을 한다. 제작비가 적게 드니 다양한 책이 나올 수 있는 기반이 만들어진다.

세 번째 장점은, 저자가 원하는 대로 책을 만들 수 있다는 것이다. 책을 만들 때 편집자의 영향력이 많이 개입되게 되는데, 셀프출판을 통해 저자는 자신이 머릿속에 그렸던 형태의 책을 마음대로 만들어낼 수 있으므로 자유도가 높아진다.

네 번째 장점은, 임시편집본을 확인해볼 수 있다는 것이다. 책을 인쇄하기 전에 미리 인쇄본을 뽑아보면 편집의 장단점을 쉽게 알 수 있다. 또한 모니터 화면에서 확인하기 힘든 비문이나 오탈자를 확인하기 위해 프린트를 해 보는 경우가 있는데, 오히려 POD로 책을 찍어 확인하는 것이 편할 때도 있다.

0원으로 내 책을 만들 수 있다는 것은 얼마나 매력적인 일인가. 셀프출판은 이렇게 많은 장점이 있다. 하지만, 장점만 있는 것은 아니다.

셀프출판의 장점이 접근성이라면, 단점은 접근성이 좋다 보니 전문성이 떨어지는 결과물이 나올 수 있다는 것이다. 책의 수준을 상향시켜줄 편집자의 부재 때문이다. 제대로 된 기획이 존재하지 않기 때문에 책으로서의 완성도가 떨어진다. 표지 또한 마찬가지이며 오탈자 문제도 심각하다.

결국, 셀프출판으로 나오는 책들을 살펴보면 대부분 아마추어 수준을 넘어서지 못한다. 당연한 결과다. 아마추어가 만들었기 때문이다.

0원을 들여 만든 책은, 결국 0원 수준에 머무른다. 물론 모든 셀프출판물들이 그런 것은 아니다. 기획출판으로 나온 책이라 해도 믿을 정도로 훌륭한 책도 있다. 그리고 디자인이 크게 중요하지 않은 책들은 셀프출판으로 찍어도 무리가 없다. 교재용이나 강의용 책들이다. 요즘은 인디자인이나 포토샵 등의 프로그램을 잘 사용하는 사람이 많기 때문에 의외로 멋진 디자인의 책이 나오기도 한다. 즉, 셀프출판은 저자의 역량에 많이 의존한다. 저자가 다방

면에 재능이 있으면 좋은 책이 나오고, 실력이 부족하거나 정성이 부족하면 허술한 책이 나온다. 콩 심은 데 콩 나고, 팥 심은 데 팥 나는 것은 어쩌면 당연한 일인지도 모른다. 개인 역량이 부족함에도 불구하고 기획출판에 가까운 양질의 책을 만들고자 한다면 전문가의 도움을 받아야 한다. 하지만 비용이 만만치 않다. 교정교열과 디자인을 전문가에게 맡기면 수백만 원 이상의 비용이 들어가는데, 그렇다면 셀프출판을 할 이유가 없어진다.

적은 비용으로, 심지어 0원으로도 출판이 가능하다는 것이 장점인 셀프출판인데 역설적으로 돈을 많이 투자할수록 양질의 책이 나오게 된다는 점이 아이러니다. 서점 판매를 목적으로 하는 책이라면 셀프출판보다는 자비출판을 권하고 싶다. 기획, 편집, 디자인, 유통 등등 모든 면에서 셀프출판은 자비출판보다 약점을 가지고 있다. 그것은 셀프출판의 태생적인 한계다. 그 한계를 넘어서려 하면, 비용이 추가된다. 비용이 추가될수록 셀프출판의 장점은 희석되게 마련이다. 공짜의 함정에 빠져서는 안 된다. 셀프출판은 공짜가 아니다. 공짜만큼의 인건비를 저자 스스로 감당하거나, 그만큼의 퀄리티를 포기하거나, 그에 상응하는 비용을 투자하는 수밖에 없다.

교보 퍼플을 이용해보자

자, 이제 셀프출판에 대해 조금 더 자세히 알아보도록 하자. 인터넷에서 '무료출판' 혹은 '셀프출판'을 검색하면 여러 출판사가 나온다. 각각의 장단점이 있는데, 가장 먼저 확인해야 할 것은 '시중 유통이 가능한가?'다. 판매를 목적으로 한다면 책을 구입할 수 있는 자체 온라인서점이 있어야 한다. 무료출판을 표방하는 사이트 중에는 시중 유통을 하지 않는 곳도 많기 때문에 저자가 독자적인 판매망을 가지고 있지 않다면 시중 유통 가능 여부를 꼼꼼히 따져봐야 한다.

자체 온라인서점이 있다 하더라도, 예스24 등 기존의 온라인서점에서 판매하지 않으면 인터넷 검색에서 찾아볼 수 없는 경우가 있다. 책을 사고 싶어도 검색이 되지 않으니 곤란하다. 최근 들어 무료출판사에서도 이러한 문제점을 인식하고, 온라인서점과의 연계를 통해 책을 판매하는 곳이 늘어나고 있다. 대표적인 곳 두 군데를 알아보고자 한다. 첫 번째는, 바로 교보문고에서 운영하는 퍼플(Pubple)이다.

교보문고 퍼플 pubple.kyobobook.co.kr

퍼플은 POD를 통한 셀프출판을 도와주는 시스템이다. 사이트에 접속해 작가 등록을 하면 책을 만들 수 있다. 먼저 '북 만들기 START'를 클릭해 책 제목과 저자를 입력하고, 완성된 책의 PDF 파일을 업로드한 후 표지를 정하고, 도서의 분류와 판형, 제본 방식, 표지 종이 및 무광 유광 여부, 컬러 혹은 흑백, 내지 종이, 페이지 수 등을 선택하면 된다. 마지막으로 유통을 할 것인지 소장만 할 것인지를 정하고, 책 제목, 출판사, 저자 이름, 도서가 속할 분류를 확인하고 책 소개란, 목차 소개란, 저자 소개란을 채우면 비로소 책이 완성된다. 관리자가 책의 내용을 확인하고 판매 정가를 확정하게 되면 온라인 교보문고를 통해 판매가 시작된다.

교보 퍼플에서는 셀프출판을 하는 이용자를 위해 편집용 템플릿을 제공하고 있다. 4×6배판, 국반판, 국배판, 국판, 신국판, 크라운판 등 여러 가지 형태가 있으니 마음에 드는 것으로 골라 쓰면 된다.

교보 퍼플의 장점은, 국내 최대 규모의 오프라인서점을 운영하는 교보문고의 온라인서점에서 판매가 가능하다는 점이다. 교보문고에서 자체적으로 POD 인쇄를 통해 책을 만들기 때문에 믿을 수 있고, 네이버 책 등 검색에도 노출이 된다는 장점이 있다. 또한 책이 판매되면 20%의 인세를 받을 수 있다는 것도 매력적이다. 다만, 책을 만드는 과정에 있어 편의성이 떨어지는 편이다. 교정교열, 디자인 등의 유료 서비스가 없어 저자가 일일이 알아보고 완성된 PDF 파일만을 올려야 한다는 것은 아쉬운 점이다.

그렇다 하더라도 일단 '교보문고'라는 아군을 등에 업고 시작하는 것이니, 자체 서점만을 가지고 있는 여타 무료출판사보다는 확실히 장점이 있다.

부크크를 이용해보자

난립해있는 무료출판사 중, 가장 안정적인 서비스를 제공하는 출판사가 바로 부크크다.

부크크 www.bookk.co.kr

부크크에서는 약 8,000종의 도서가 만들어졌다고 한다. 부크크가 다른 출판사들에 비해 우위를 점하는 이유는 바로 차별성과 편의성이다.

책을 만드는 과정은 다른 출판사와 큰 차이가 없다. 먼저 책의 형태를 고른다. 흑백인지 컬러인지, 책의 규격은 어떻게 할 것인지, 표지에 어떤 종이를 쓸 것인지 결정한다. 원한다면 책날개를 만들 수도 있다. 다음으로 표제와 부제를 정하고, 저자명과 페이지 수, 분류를 지정한다. 원고를 업로드하고 판매용인지, 소장용인지 구분한다.

표지는 부크크에서 제공하는 무료 표지를 사용할 수도 있고, 직접 올릴 수도 있다. 가격을 설정하고 외부 유통 여부를 결정하면 책이 완성된다. 부크크에서 ISBN 등록을 무료로 대행해주기 때문에 따로 신청할 필요가 없다.

여기까지는 다른 출판사의 책 제작 과정과 큰 차이가 없다. 다만 부크크에서는 지금까지 설명한 부분 외에 두 가지 다른 서비스를 제공한다. 바로 작가 서비스와 외부 유통 서비스다.

작가 서비스란, 저자들이 개인적으로 알아봐야 했던 교정교열, 디자인 부분을 부크크에서 저렴한 가격으로 제공해주는 것을 말한다. 합리적인 가격에 깔끔한 디자인을 제공하니 디자이너를 찾아 동분서주할 필요가 없다.

부크크의 또 다른 장점은 외부 유통 서비스다. 부크크는 온라인 서점과의 연계를 통해 외부에서도 부크크의 책을 구입할 수 있도록 하고 있다. 인터넷 교보문고나 예스24 등의 인터넷서점에서도 부크크의 책을 살 수 있는 것이다. 다만 시스템상의 문제로, 교보문고에서 판매하는 부크크의 책은 교보문고의 POD 시스템을 사용하기에 부크크 제작의 책과 조금 상이할 수 있다고 한다. 또한, 부크크 서점에서 책을 구입하면 저자에게 35%의 인세를 제공하는데, 교보문고나 예스24에서 사는 경우의 인세는 15%다. 이 점을 염두에 두어야 하겠다.

돈을 적게 쓰고 예쁜 책을 만들어보자

셀프출판도 여느 다른 출판방식과 마찬가지로, 비용을 투자할수록 양질의 책이 완성된다. 최대한 비용을 절약하면서 양질의 책을 만드는 방법을 알아보자.

교정교열은 네이버 맞춤법 검사기나 인터넷 맞춤법 검사기(speller.cs.pusan.ac.kr)에서 확인해볼 수 있다. 물론 완벽하지는 않지만, 심한 오탈자는 피할 수 있을 것이다. 만약 전문가에게 의뢰하고 싶다면 크몽(kmong.com) 등의 재능마켓을 알아보는 것도 좋다. 저렴한 가격에 교정교열 서비스를 제공하는 업체가 있으니 확인해보자.

표지 및 내지 디자인은 부크크에서 기존의 작가 서비스를 이용할 시 고급 표지 8만 원, 내지 디자인 기본 6만 원으로 저렴하게 이용할 수 있다.

네이버 카페 '꿈꾸는 책공장'
cafe.naver.com/bookfactory

여기에서는 출판업에 종사하고 있는 수많은 회원을 통해 다양한 정보를 얻을 수 있다. 1인 출판사 운영자부터 디자인, 교정교열, 기획 등등 각 분야의 전문가들이 모여 있고, 프리랜서로 활동하는 분들도 많으니 이곳에서 정보를 얻는 것도 도움이 될 것이다.

셀프출판에 있어 가장 중요한 것은 비용 절감이다. 재차 강조하지만, 100만 원 이상 비용이 들어가는 셀프출판이라면 그것은 참 어리석은 선택이다. 200부를 찍어서 유통까지 해주는 데 130만 원이면 되는 자비출판사가 널려있다. 이왕 셀프출판을 하기로 마음먹었다면 30만 원 이내에서 승부를 보자. 그 이상은 사치다.

무료 폰트, 무료 이미지 사용하기

책을 예쁘게 만들기 위해 폰트와 이미지를 사용할 때는 저작권을 위반하지 않도록 주의해야 한다. 폰트에도 저작권이 있느냐고 묻는 분이 있는데, 폰트도 엄연한 창작물이며 저작권의 보호를 받는다. 간혹 폰트 저작권을 위반하고도 컴퓨터 아래아한글이나 포토샵에 있는 폰트를 사용했는데 왜 그게 문제가 되느냐고 하는 분이 있다. 컴퓨터에 내장되어 있거나 프로그램과 함께 포함되어 배포된 폰트라 해도 상업적으로 이용 불가능한 것이 있으니 저작권을 꼭 확인해봐야 한다.

상업적 이용이 가능한지 잘 모르겠다면, 안전하게 확인된 폰트만 사용하는 것이 좋다. 대표적인 폰트로는 한국출판인회의의 KoPub 서체가 있다. 한국출판인회의(www.kopus.org)에서 무료로 받을 수 있다. 네이버 나눔글꼴(hangeul.naver.com)도 많이 사용한다.

눈누 noonnu.cc

이곳에서는 상업적으로 사용이 가능한 무료폰트를 확인할 수 있어 매우 유용하다. 폰트 저작권이 걱정된다면 이곳을 참고하길 바란다.

무료 이미지는 픽사베이(pixabay.com)를 이용해보자. 상업적으로 이용 가능한 무료 이미지들이 많이 있어 유용하다. 하지만 모든 이미지가 상업적으로 사용 가능한 것은 아니며, 출처를 밝혀야 하는 것도 있으므로 해당 이미지의 저작권을 잘 살펴봐야 한다.

폰트가 비슷비슷해 보여서 몰래 써도 모르겠지 하는 마음으로 쉽게 생각했다가는 저작권 위반으로 생각지 못한 비용을 지출할 수 있다. 윤명조와 같은 유료 폰트를 사용하고 싶다면 반드시 라이선스를 구입해야 한다.

POD의 한계

POD는 이미 설명한 바와 같이, 주문생산형 책이다. 우리가 메뉴판을 보고 음식을 주문하면 그때야 주방장이 재료를 요리해 음식을 만들어 내놓듯이, 책 주문이 들어오면 이미 만들어진 PDF 파일을 인쇄해 책을 만드는 것이 POD이다. 그렇기에 태생적인 한계가 있을 수밖에 없다.

주문이 들어와야 책을 만들기 때문에 책 재고가 없다. 따라서 오프라인서점에서 판매할 수 없다. 책을 미리 만들어놓으면 되지 않느냐고 묻는 분이 있을 텐데, 물론 그런 방법도 있다. 일부 출판사에서는 책을 미리 만들고 재고관리를 해 오프라인서점에서 판매한다. 하지만 일반적인 경우는 아니고, 부크크나 교보 퍼플은 재고 관리를 따로 하지 않는다. 교보 퍼플에서 판매가 잘 되는 책을 미리 찍어놓는 경우가 있었으나, 형평성 문제로 현재는 그렇게 하지 않는다고 한다.

주문이 들어와야 책을 만들다 보니, 배송도 오래 걸린다. 주문이 들어와 책을 만들어 배송하면 적어도 4일에서 10일 정도 시간이 걸린다. 주문 다음날 책을 받아볼 수 있는 일반 서적에 비하면 배송이 매우 느리다.

POD로 만든 책의 단가가 높은 것도 문제다. 어떤 분께서 POD로 책을 만든 다음에 독립서점에서 판매하면 되지 않느냐고 물었다. 오프셋인쇄의 경우, 제작단가를 책값의 15~25% 정도에서 맞추는 것이 일반적이다. 그래야 유통비, 광고비를 제해도 남는 게 있기 때문이다. 그런데 출판사를 통해 셀프출판을 하면 인세로 35%를 준다. 즉, 제작단가가 65%가 되는 것이다. 서점의 일반적인 공급률 60%에 맞춰 공급할 수가 없다(물론 POD 인쇄소를 통해 직접 인쇄를 하면 제작단가가 낮아질 수는 있겠지만, 스스로 출판사 등록을 하지 않는 한, 온라인 판매를 할 수 없다는 단점이 있다).

POD의 한계는 셀프출판의 한계로 이어진다. 실제로 셀프출판이 활성화되지 못하는 이유 중 이러한 단점이 매우 크게 작용한다고 볼 수 있다. 하지만 앞으로 셀프출판이 더 활성화되면, 분명 활로가 생길 것이라 생각한다. 아직은 미약하지만, 셀프출판의 앞날은 어둡지 않다. 투자비용 대 결과물의 질이 높아질수록 셀프출판을 바라보는 시선은 달라질 것이기 때문이다.

한 가지 팁을 남긴다. 일반적인 자비출판이나 기획출판의 경우 책값을 11,200원 이상으로 책정하는 것이 좋다. 온라인서점의 경우 10,000원 이상의 책은 무료배송을 해주는데, 보통 10% 할인을 해주기 때문에 정가 11,200원 책은 10% 할인된 10,080원에 구입하게 되고, 무료배송을 받을 수 있게 된다. 마찬가지로 셀프출판을 할 때 책값은 10,000원 이상으로 맞추는 것이 좋다. 셀프출판은 온라인서점의 사정상 할인을 거의 해주지 않는다. 따라서 정가

10,000원짜리 책도 무료배송 서비스를 받을 수 있다. 괜히 독자의 부담을 줄이겠다고 9,900원으로 책값을 정하면 배송비 2,000원이 붙어 11,900원에 구입해야 하는 경우가 생길 수 있으니 주의하기 바란다.

Chapter 7
전자책으로 부담 없이

스마트폰의 보급

종이책만이 책으로 인식되던 시절이 있었다. 컴퓨터가 발전해도 사람들은 모니터로 글을 읽는 것을 낯설어했다. 책은 손으로 들고 책장을 넘기며 읽는 것이 제맛이라 했다. 그러나 세상은 변했다. PC 통신이 발전하면서 온라인 연재라는 개념이 생겼다. 하이텔이나 천리안에서 소설을 연재하며 인기를 얻는 작가들이 생겼고 사람들은 자연스럽게 모니터로 글을 읽기 시작했다. 때마침 불어온 장르소설의 인기는 온라인에 연재된 글들을 불법적으로 긁어모은 워드 파일을 암암리에 퍼져나가게 했다. 그것이야말로 최초의 한국형 전자책이었을 것이다. 하지만 이런 형식의 전자책은 발전할 수 없었는데, 여러 가지 치명적인 단점이 있었기 때문이었다. 우선 보안이 취약했다. 누구나 복사해서 볼 수 있었다. 그렇기에 수익모델도 없었다. 복사하면 볼 수 있는 것을 누가 돈 주고 산단 말인가. 당시에는 소프트웨어 등 무형의 재산에 대한 가치 관념도 희박했다. 또한 모니터로 보는 글자는 눈을 쉽게 피로하게 했고, 컴퓨터가 없으면 볼 수 없다는 것도 크게 작용했다.

하지만 스마트폰의 보급과 함께 세상은 변했다. 태블릿의 넓은 화면은 책을 읽기에 넉넉했고, 화면이 작아 불만족스럽기는 했지만 스마트폰의 편의성은 그 불편함을 넘어설 수 있었다. 기술의 발전으로 글자 크기도 자유롭게 조절할 수 있게 되었고, 보안 또한 강화돼 판매에도 문제가 없었다. 무형의 지적재산에 대한 인식도 좋아져 오히려 종이책에 비해 싸게 구입할 수 있다는 것을 장점으로 여기는 사람도 많아졌다.

가볍고, 오래 쓸 수 있고, 쉽게 눈이 피로해지지 않는 전자책 단말기들의 보급으로 전자책은 승승장구했다. 이러다가 종이책이 몰락하는 것은 아니냐고 걱정할 정도였다. 여전히 종이책을 사랑하는 사람들이 많기에 아직 그 정도는 아니지만 앞날은 모를 일이다.

전자책은 여러 가지 장점이 있다. 일단 부피와 무게를 차지하지 않는다. 스마트폰을 가지고 다니는 사람이라면 몇 권이든 넣어서 다닐 수 있다. 종이라는 실물을 사용하지 않으니 환경에도 도움이 된다. 책을 사고 싶으면 배송을 기다릴 필요 없이 바로 결제하고 다운로드하면 된다. 노안이 있다면 글자를 크게 키워서 볼 수 있다. 링크를 통해 여러 가지 멀티미디어를 쉽게 이용할 수도 있다.

이러한 장점 때문에 전자책을 선호하는 사람들이 늘어났다. 비단 독자뿐만이 아니다. 저자들도 전자책을 찾기 시작했다. 스마트폰이 출판계를 흔들어버린 것이다.

참을 수 없는 전자책의 가벼움

전자책의 특징이자 장점은, 가볍다는 것이다. 그것도 여러 가지 면에서 그렇다.

첫째, 무게가 가볍다. 이북리더 하나면 수십 권의 책을 넣어 다닐 수 있다. 스마트폰을 사용하는 사람이라면 굳이 이북리더를 가지고 다닐 필요도 없다. 언제 어디든 쉽게 책을 펼칠 수 있다는 것은 전자책의 가장 큰 매력이다.

둘째, 분량이 가볍다. 종이책의 기준은 약 200페이지 정도다. 그보다 얇거나 두꺼울 수도 있지만, 보기 좋은 책의 형태를 갖추려면 200페이지 이상이 적당하다. 하지만 전자책은 다르다. 겉으로 보이는 형태가 없기에 200페이지라는 분량에 얽매일 필요가 없다. 또한, 전자책을 읽는 독자들은 진지하게 오랫동안 사색하며 읽는 글보다는 간단명료하고 쉽고 짧게 읽을 수 있는 글을 선호한다. 따라서 정보 전달의 목적을 갖는 전자책은 50페이지 정도의 분량을 최소 기준으로 삼는 경우가 많다.

사실, 200페이지 이상의 책을 쓰는 것은 매우 힘든 일이다. 200페이지라는 분량을 텍스트로 채우는 것 자체도 물리적으로 힘들지만, 그 안에 양질의 정보를 담기 위해 기획하고, 자료 조사하고 문장을 다듬어가는 과정은 결코 쉽지 않다. 200페이지를 다 채우지 못해 출간을 포기하는 사람이 부지기수다. 그런 면에서 볼 때, 50페이지는 도전해볼 만한 분량이다.

셋째, 가격도 가볍다. 전자책과 종이책이 동시에 출간된 경우, 전자책의 가격은 종이책 가격의 60~70% 정도에서 책정되는 것이 일반적이다. 14,000원짜리 종이책을 9,000원 정도에 살 수 있다는 뜻이다. 꼭 종이책을 사야 할 이유가 없다면 전자책에 손이 갈 수밖에 없다.

게다가, 전자책은 책의 분량과 내용에 따라 가격이 매우 유연하다. 종잇값과 인쇄비가 들어가지 않으니 저자나 출판사의 의향에 따라 책값이 3,000원이나 1,000원이 될 수 있고, 심지어 무료로 배포될 수도 있다. 또한 리디북스, 밀리의 서재, 교보문고 sam은 월정액으로 무제한 대여가 가능한 서비스를 제공한다.

이러한 가격 경쟁력이야말로 전자책이 종이책을 압도할 수 있는 가장 큰 무기다. 아직 전자책 시장이 종이책만큼 활성화되지 않아 비교할 수는 없지만, 앞으로 전자책 시장이 커지면 커질수록 가격 경쟁력의 장점이 부각될 것으로 생각한다.

넷째, 내용 또한 가볍다. 물론 모든 책을 전자책으로 읽을 수 있지만, 전자책은 그 특유의 휴대성 때문에 이동 중에 혹은 일과 중 잠깐 짬이 날 때 읽기 좋다. 쉽게 읽히는 만화나 장르소설이 인기인 이유도 마찬가지다. 로맨스, 판타지, 라이트노벨은 빠르게는 한 시간이면 한 권을 뚝딱 읽을 수도 있다. 하루에 다섯 권 이상도 읽을 수 있는데, 그런 책들을 들고 다닌다면 얼마나 무겁겠는가. 전자책은 이북리더 하나면 끝이다.

다섯째, 공간이 가볍다. 책을 사면 살수록 책장이 좁아진다. 결국 방이 책으로 뒤덮이게 되는데, 전자책은 이북리더 외에는 공간을 전혀 차지하지 않는다.

여섯째, 제작비가 가볍다. 전자책 제작의 가장 큰 장점이라면, 재료비가 들지 않는 것이다. 즉, 출판을 위해 종이에 인쇄하는 과정이 사라졌다. 비용이 획기적으로 절감되었다.

물론 종이 및 인쇄비가 사라진 것이지, 그 이외의 부분은 여전히 남아있다. 책을 만들려면 기획을 하고 글을 쓰고 편집과 디자인을 해야 하는 것은 마찬가지다. 하지만 그것은 노동력으로 해결할 수 있는 일이다. 그리고 그 노동력의 투입도 종이책에 비하면 매우 간소해졌다.

투자비용이 적다는 것은 매우 매력적인 일이다. 셀프출판이 주목을 받게 된 이유가 비용 절감 때문이었다면, 전자책은 그보다도 더 적은 투자비용으로 책을 만들 수 있으니 이보다 더 좋은 방식이 어디 있을까.

일곱째, 지구의 부담이 가볍다. 종이책은 '종이'가 필수적이고 종이는 나무로 만든다. 종이를 만들기 위해 수많은 나무들이 베어져야 한다는 것은 참 안타까운 일이다. 벌목으로 인한 온난화, 사막화, 산사태, 황사현상 등으로 지구는 아파한다. 전자책은 종이가 필요하지 않으므로 지구의 손상을 최소화할 수 있다.

전자책은 그 참을 수 없는 가벼움이 최고의 장점이다. 그 장점을 가장 잘 살릴 수 있는 원고를 찾아야 하는 이유가 거기에 있다. 다만 아직은 전자책 출판이 많이 활성화되어있지 않다. 우리나라의 경우 2016년 통계를 기준으로 할 때 전자책이 전체 출판시장에서 차지하는 비율은 약 7%다. 사람들은 아직 전자책을 낯설어한다. 하지만 스마트폰의 기술이 발전하고 폴더블 스마트폰 등 넓은 화면과 휴대성을 동시에 갖출 수 있는 하드웨어가 밑받침된다면 앞으로 폭발적인 성장을 기대해도 좋을 것이다.

지식만 있다면 누구나 저자가 될 수 있다

전자책이 나오기 전까지 출판의 벽은 매우 높았다. 투고를 통해 출판계약을 맺기도 어렵지만 책을 만들었다 해도 중쇄를 찍고 베스트셀러가 되는 길은 너무나 험난했다. 출판된 책의 대부분이 제대로 서점 매대에 올라보지도 못하고 서가로 옮겨갔다. 하지만 이제는 다르다. 전자책은 제작비용이 적게 든다는 장점이 있기 때문에 접근성이 높다. 남에게 전해줄 지식만 있다면, 누구나 저자가 될 수 있는 세상이 된 것이다.

전자책으로 부업을 하는 사람도 있다. 간단하게 편집하는 법만 배우면 자신이 가지고 있는 지식을 통해 전자책을 쉽게 낼 수 있다. 전자책을 읽는 독자들은 합리적이다. 그들은 스마트폰과 이북 리더기를 잘 다룰 줄 알고, 자신이 원하는 정보가 담긴 책을 찾아내는 데 익숙하다. 따라서 좋은 정보를 담은 전자책을 합리적인 가격에 출간하면 사람들은 알아서 그 책을 찾아 읽는다.

그동안 저자들은 종이책으로 출간하지 못하는 내용을 블로그나 카페에 올려왔다. 사람들이 양질의 정보를 찾아 방문하다 보니 조회수는 올라갔지만 그것으로 저자가 얻는 이득은 미미했다. 기껏해야 애드센스나 애드포스트 광고를 통해 얻는 수익이 전부였다.

하지만 세상은 변했고 블로거들은 자신들이 쓴 양질의 정보에 대한 대가를 원하기 시작했다. 수익성이 높은 유튜브나 개인 방송으로 몰려갔고, 전자책을 만들어 판매하기 시작했다. 나는 그러한 변화가 나쁘지만은 않다고 생각한다. 유튜버들은 더 좋은 영상을 만들기 위해 노력하고, 전자책 저자는 책값이 아깝지 않을 만한 책을 만들기 위해 성심껏 매진했다. 노력과 지적재산에 대한 정당한 대가를 받기 시작한 것이다.

지식과 글솜씨만 있으면 누구나 저자가 되고, 인세를 받을 수 있는 시대가 되었다. 종이책을 출간하는 것이 부담스럽다면 전자책부터 차근차근 시작해보는 것도 좋다.

장르소설의 천국

장르소설의 태동은 무협이었다. 무협이란 무술을 잘하는 협객을 뜻한다. 엄청난 내공을 가진 고수의 이야기로, 중국이나 한국 등 동북아시아를 무대로 한 소설이다. 무협소설이나 동양 판타지로 불리기도 하는데, 무협소설은 60년대부터 꾸준히 인기를 끌어왔고 이후 판타지, 공포소설, 로맨스, BL 등으로 장르소설의 범주는 넓어져 갔다. 이렇게 장르소설이 발전할 수 있었던 기반에는 '도서대여점'이 있었다.

1980년대, 비디오 대여점이 인기를 끌었다. VHS 비디오테이프를 빌려서 영화를 볼 수 있는 시스템이었는데, 마땅한 문화생활을 할 수 없었던 당시에는 동네마다 비디오 대여점이 몇 군데나 있었다. 하지만 토렌트, 당나귀 등의 P2P 공유로 인해 비디오 대여점의 인기는 떨어졌고, 줄어든 매출을 메우기 위해 점차 도서, DVD를 대여하기 시작했다. 그중 판타지 소설과 무협소설이 차지하는 비중은 상당했다.

당시 많은 판타지 소설이 쏟아져 나왔는데, 도서대여점마다 한 권씩만 팔아도 초판 2,000권 판매는 식은 죽 먹기였기 때문이었다. 하지만 판타지 소설의 인기가 줄고 웹하드에 의한 다운로드

서비스가 성행하자 대여점은 활로를 잃었고, 결국 2010년경 대부분 사라지고 말았다.

판로가 사라진 판타지 소설은 포털과 전자책으로 눈을 돌렸다. 도서대여점이 하던 역할을 포털과 전자책이 대신하기 시작한 것이다. 현재 전자책 시장에서 장르소설이 차지하는 규모는 대단하다.

상황이 이렇다 보니 전자책 출판사들도 장르소설을 물색하기 시작했다. 특히 로맨스나 BL 등 인기가 좋은 분야는 출판사에서도 투고를 받아 책을 만들고 적극적으로 홍보한다. 만약 로맨스소설을 쓰고 있다면 굳이 종이책을 출간하려고 노력할 필요가 있을지 의문이다. 또한, 셀프 전자책 출판을 할 필요도 없다. 장르소설의 투고를 기다리는 출판사가 많기 때문이다. 전자책 시장은 장르소설의 천국이다. 장르소설 작가를 꿈꾸고 있다면 전자책 출판을 진지하게 생각해보길 바란다.

전자책도 책이다

전자책을 만든다고 하면, 뭔가 종이책과는 다르지 않겠느냐고 생각하는 사람들이 많다. 물론 종이책은 인쇄 과정이 필요하고 전자책은 이북리더에 내용을 띄우는 기술이 필요하다는 점에서 차이가 있지만, 그런 부분을 제외하고는 일반 종이책을 만드는 과정과 크게 다를 바가 없다. 전자책도 책이기 때문이다.

출판의 종류에 대해 설명하면서 기획출판, 자비출판 등에 관해 이야기한 바가 있다. 전자책도 비슷하다. 다만, 전자책은 특성상 독립출판의 개념이 희박하다. 온라인 독립출판을 시도해보려는 노력이 있지만, 아직은 활성화되어있지 않다. 각각의 출판 방식에 대해 간단하게 설명해보고자 한다.

■ 기획출판

종이책 출판과 마찬가지로, 전자책에서도 가장 이상적인 출판 방식이다. 저자가 원고를 쓰고 출간기획서를 보내면, 출판사 측에서 검토한 후 출간 여부를 결정한다.

출판사가 기획과 편집, 디자인에 관여하기 때문에 양질의 책이 나올 가능성이 높다. 또한 출판사의 홍보로 책이 많이 팔릴 가능성도 덩달아 커진다. 저자는 소정의 인세를 받는다. 가능하다면 이 방식을 택하는 것이 가장 좋다.

■ 자비출판

기획출판이 되지 않는 경우, 자비출판을 생각해볼 수 있다. 하지만 여러 가지 이유로, 전자책 시장의 자비출판은 그다지 활성화되어 있지 않다. 셀프출판이 너무나 발달해 있기 때문이다. 하지만 역시 출판사의 도움을 받으면 교정교열 및 디자인 부분에서 양질의 책을 만들 수 있으니 고려해볼 만하다. 특히 복잡한 도표나 그림, 동영상 삽입 등 편집기술이 필요한 경우에는 결과물에 큰 차이가 있을 수 있다.

■ 셀프출판

셀프출판은 전자책의 꽃이라 볼 수 있다. 많은 사람들이 셀프출판으로 전자책을 만든다. 종이책을 대할 때 매우 엄격한 잣대를 들이대는 것에 비해, 전자책에 있어서 다소 관대한 입장을 취하는 독자가 많다. 일부 오탈자가 있거나, 내용이 부실해도 크게 문제 삼지 않는다. 아마도 웹페이지에서 오탈자나 부실한 내용을 흔히 봐왔던 경험 때문일지도 모르고, 싼값에 산 책이니 싼 게 비지떡이라는 생각을 하기 때문인지도 모른다. 셀프출판을 도와주는 사이트가 많이 있으니 좋은 원고만 있으면 책을 내는 건 어렵지 않다.

■ 1인 출판

종이책에 있어 1인 출판사를 만들기 힘든 이유는 여러 가지가 있지만, 아무래도 책의 유통과 보관의 어려움 및 초기 투자비용의 부담 때문이 클 것이다. 하지만 전자책은 그 부분으로부터 상당히 해방될 수 있다. 종잇값과 인쇄비가 들지 않으니 비용 부담이 적다. 물론 디자인비나 편집비, 교정교열비는 들어가겠지만 한 번 해놓으면 증쇄 등으로 돈이 들어가는 일이 거의 없으니 적은 예산으로도 출판사를 차릴 수 있다. 유통과 보관이 용이하다는 것도 장점이다. 책을 쌓아둘 창고나 배본소가 필요 없다. 책이 나왔을 때 온라인서점에 등록만 하면 손댈 일이 별로 없다. 종이책으로 출판사를 차리기 전에 전자책으로 워밍업(?)을 하는 분도 많이 있다.

기획출판은 종이책의 투고 과정과 큰 차이가 없고, 자비출판은 그다지 활성화되어있지 않은 데다 역시 종이책의 자비출판과 크게 다르지 않기 때문에 따로 자세한 설명을 하지는 않을 생각이다. 다만, 셀프출판과 1인 출판에 대해서는 좀 자세히 이야기해야 할 필요성이 있으니 다음 챕터에서 설명을 이어가도록 하겠다.

0원으로 전자책 만들기

교정교열이 되어있는 원고를 전자책으로 만드는 과정은 매우 간단하다. 책 정보를 입력한다. 무료표지를 고른다. 원고를 넘긴다. 끝.

정말 이게 끝이냐고 묻는 사람이 있겠지만, 정말이다. 이거면 끝이다.

전자책은 제작과정이 다소 단순하기 때문에, 원고만 완성되어 있으면 무료로 제작해주는 곳이 많다. 이러한 출판, 유통사의 대표적인 예가 교보문고의 e퍼플이다.

e퍼플(epubble.com)에서는 저자가 원고를 보내면 그것을 무료로 제작하여 국내외 17곳의 온라인서점에 유통을 해주고, 정산까지 도와준다. 인세는 정가의 20%다.

원고만 보내면 전자책을 만들어주니, 저자 입장에서는 이보다 편한 것이 없다. 굳이 힘들게 기획출판을 도모하거나 비용을 들여가며 자비출판을 하려는 욕심이 적어질 수밖에 없는 구조다. 어렵게 강의를 들어가며 인디자인이나 시길 사용법을 배우고 포토샵으로 표지를 만들 필요가 없다. 전자책을 내는 건 정말로 쉬운 일이고, 돈 한 푼 안 들어가는 일이다.

20%의 인세가 불만족스러운 사람도 있을 것이다. 전자책은 스스로 만들 수 있을 만큼 제작이 어렵지 않다는 이야기가 솔솔 들려온다. 좀 더 많은 이익을 얻을 수 있는 방법이 있지 않을까? 물론 있다. 여러 온라인서점에서 판매하면서 인세가 높은 곳을 찾으면 된다. 키메이커, 이페이지, 유페이퍼 등이 대표적이다.

키메이커(kmebooks.com)에서는 저자의 원고를 받아 무료로 전자책을 제작해준다. 그리고 국내외 17곳 이상의 대형 온라인서점에 유통해 판매한다. 인세는 40%다. 교보문고나 예스24 등의 온라인서점에서 판매할 수 있다는 점은 매우 매력적이다.

이페이지(epage.co.kr)에서도 외부 대형 온라인서점에 유통을 하며, 저자의 원고를 받아 무료로 전자책을 제작해준다. 단, 이 경우 책이 판매되었을 때 받는 인세는 50%다. 제작을 의뢰하지 않고 완성된 EPUB 파일을 제공한 경우의 인세는 70%이며, PDF 파일을 제공했을 시에는 60%다.

유페이퍼(upaper.net)는 많은 사람이 이용하는 유통 사이트로, 인세는 70%이며 교보문고 등 제휴사 판매 인세는 60%다. 인세가 높은 반면 전자책 무료 제작 서비스는 하지 않으며, 대신 EPUB 전자책을 만들 수 있는 자체 웹에디터를 제공한다.

유통사마다 장단점이 있으므로 자신의 상황에 맞는 유통사를 찾으면 될 것이다. 자체적으로 전자책을 편집할 능력이 안 된다면 전자책을 제작해주는 교보 e퍼플, 키메이커, 이페이지 등을 선택하는 것이 좋겠고, EPUB 전자책을 스스로 만들 수 있거나 외주를 주어 제작하는 경우에는 이페이지, 유페이퍼 등에서 출간하는 것이 유리하다.

직접 전자책을 제작하려면?

전자책 제작에 대해 이야기를 하기 전에, 전자책의 포맷에 관해 설명할 필요가 있다. 전자책을 스마트폰이나 이북리더에서 읽을 수 있다는 것은, 서로 호환 가능한 형태로 제작이 되어 있다는 뜻이다. 이렇게 미리 약속된 방식을 포맷이라 부른다. 파일명 뒤에 붙는 확장자는 그 파일의 속성을 뜻한다. HWP가 붙으면 한글 파일이고, JPG가 붙으면 그림 파일인 것처럼 말이다.

그렇다면 전자책의 포맷은 무엇일까? 여러 가지가 있지만 그중 가장 대표적인 것이 바로 EPUB와 PDF다.

PDF(Portable Document Format)란, 어도비사가 개발한 전자 문서 형식이다. PDF 전자책의 장점은 종이책의 형태 그대로를 가져올 수 있다는 것이다. 특히 그림이나 수식 등이 많은 책에 좋다. 저자가 드러내고 싶은 그대로 책을 쓸 수 있기 때문에 독자는 그림이 뒤죽박죽되지 않은, 종이책과 그대로인 레이아웃 디자인의 책을 볼 수 있다. 하지만 단점도 있다. 전자책의 표준으로 인정되지 않았기에 유통에 한계가 있다. 책을 보는 디바이스에 따라 책을 읽는데 불편함이 있을 수 있다. 스마트폰의 경우 화면이 작기 때문에 글을 읽기 위해 확대, 축소를 반복해야 한다는 점은 치명적이다.

현재 전자책의 표준으로 사용되는 포맷은 EPUB다. EPUB는 EPUB1, EPUB2, EPUB3 등이 있는데, 그중 가장 많이 쓰이는 것은 EPUB2이다. EPUB3는 인터랙티브 기능을 활용하는 방식으로, 여러 가지 멀티미디어를 사용할 수 있어 매우 큰 장점이 있으나 아직 유통사에서 취급하지 않는 곳이 많아 활성화되어 있지는 않다.

EPUB2는 텍스트로 이루어진 책에 좋은 방식이다. 디바이스에 따라 화면 크기에 맞춰 디스플레이가 변화된다. 스마트폰처럼 작은 화면을 사용하거나, 시력이 안 좋은 사람은 글자 크기를 크게 해 읽을 수 있기 때문에 PDF에 비해 쾌적한 환경에서 글을 읽을 수 있는 장점이 있다. 다만, 디자인이 복잡하고 이미지가 중요한 잡지 및 가이드북, 형태가 일정해야 하는 강의용 교재 등은 PDF가 유리할 수 있다.

일반적으로는, EPUB 형태로 책을 만드는 것이 여러모로 유리하므로 가능하다면 EPUB으로 전자책을 만드는 것이 좋다.

그렇다면 어떻게 해야 EPUB 형식의 책을 만들 수 있는 걸까? 전자책을 편집할 수 있는 프로그램이 많이 있다. 나모 오서, 유페이퍼 웹에디터, 윙크, 이북스타일리스트, 인디자인, 시길 등이다. 이중 가장 대표적인 EPUB 에디터는 시길(Sigil)이다. Sigil은 무료 프로그램이며, 자신의 운영체제에 맞는 파일을 다운로드하고 설치하면 제약 없이 사용할 수 있다.

다만 Sigil을 처음 접해보는 사람이라면 사용법을 알지 못해 당황할 수 있다. Sigil은 매우 유용한 EPUB 에디터지만 기본적인 사용방법을 알아야만 이용할 수 있다. 요즘은 유튜브 등에도 Sigil 사용법에 대한 강의가 많이 있어 쉽게 사용법을 익힐 수 있으나, 기본적으로 html 등의 코딩을 할 줄 알아야 이해하기가 쉬운 단점이 있다.

유통사에 EPUB 파일을 제공할 때 EPUB 적합성 검사를 받게 된다. 파일에 오류는 없는지, 표준을 제대로 지켰는지 확인하는 검사인데, 이 부분에서 부적합 판정을 받으면 출판이 불가능하다. Sigil을 잘 다루지 못하는 사람은 EPUB 파일을 완성했다 해도 어느 부분 때문에 부적합 판정을 받았는지를 몰라 문제 해결이 어려울 수도 있다.

어떤 편집 프로그램을 사용하는지는 자신의 취향에 따라 선택하면 된다. 프로그램 사용이 너무 어렵다면 외주를 줄 수도 있다. 다만, 앞으로 전자책을 꾸준히 낼 생각이라면 수입 증대를 위해 EPUB 에디터 하나쯤은 능숙하게 다룰 줄 알아야 하겠다.

전자책 쓰레기를 넘어서라

전자책 출판사에서 편집 및 디자인을 하는 사람은 지금까지의 글을 읽고 머리끝까지 화가 날지도 모른다. 전자책을 '대단한 편집기술이 필요 없는 쉬운 출판 방식'이라 매도한 것처럼 느껴질 것이기 때문이다. 이에 대한 이야기를 좀 해보고자 한다.

솔직히 말하자면, 전자책 시장은 쓰레기로 넘쳐난다. 다소 과격한 표현이기는 하지만 사실이다. 출판사에서 기획해 출간한 책들을 제외하고, 일반인들이 출간한 전자책에는 허술한 정보와 오탈자, 지극히 개인적인 이야기, 재미없는 소설들이 넘쳐난다. 유통사 입장으로는 하나라도 더 출간해야 수익이 높아지기 때문에, 범죄나 사기 수준의 책이 아니라면 출간을 반려하지 않는다. 그러다 보니 전자책 시장의 수준이 전반적으로 하향 평준화되었고, 저자도 독자도 그것을 당연하게 여기는 시대가 되었다.

하지만 그것은 결코 바람직한 현상이 아니다. 책 전반부에도 말했듯이, 가치가 없는 책을 돈 받고 파는 것은 사기 행위다.

또한 EPUB로 만든 책은 딱히 편집이나 디자인이 필요 없다고 생각하는 저자가 많은데, EPUB야말로 어떻게 편집하느냐에 따라 결과물의 차이가 크다.

요즘은 전자책이 마치 인스턴트 음식처럼 가볍게 소비되는 경향이 있는데, 가볍게 소비된다고 하여 질이 떨어져도 상관이 없다는 뜻은 아니다. 기본적인 기획, 교정교열은 물론이고 읽는 이가 편안하도록 편집에도 신경을 써야 한다.

Chapter 8

확 그냥, 출판사를 차려버려?

인세가 10%면 출판사가 90%의 이익을 가져가나요?

출판에 대한 지식이 쌓이고 관련 정보를 알게 되면, 이런 생각을 하는 사람이 생긴다.

"확 그냥 출판사를 차려버려?"

책 만드는 법도 알았겠다, 유통하는 법도 알았겠다, 굳이 폼 안 나게 자비출판을 하느니 아예 출판사를 만들어 내 마음대로 멋진 책을 만들어보고 싶은 생각이 드는 것이다. 내가 만들어서 팔면 이익이 많이 남을 거로 생각했는지 어떤 분은 나에게 이런 말을 하기도 했다.

"인세가 10%면 출판사가 90%를 먹는 거 아니에요?"

물론 출판시장에 관한 정보 부족으로 인한 오해지만, 출판사가 가져가는 돈이 훨씬 많다고 생각하는 사람이 꽤 있다. 하지만, 이것은 완전히 잘못된 생각이다. 예를 들어보자.

정가 만 원짜리 책을 1,000권 찍어 1년 내에 팔아본다고 가정해 보자. 이때의 매출은 만 원 × 1,000 = 천만 원이다. 맞을까?

아니다. 서점에서도 이윤을 남겨야 하기 때문에 정가에 책을 사가지 않는다. 평균적으로 60% 정도의 가격으로 매입한다. 즉, 1,000권을 서점에 넘겨 팔아도 매출은 600만 원이다. 저자에게

10%의 인세를 주면 500만 원이다. 종잇값과 인쇄비는 정가의 15%라 치고, 150만 원을 빼면 350만 원이 남는다.

책을 서점에 배본하려면 배본사를 이용해야 한다. 회사마다 상황마다 차이가 있지만 대략 한 달에 20만 원 정도를 생각해야 한다. 1년이면 240만 원이다. 이제 남는 돈은 110만 원이다.

여기에 교정교열비 및 본문 편집비, 표지 디자인비가 필요하다. 비용은 천차만별이지만 여기에서는 300만 원 정도라 하자. 이제 -190만 원의 손실이 생겼다. 서평이벤트를 하고, 언론사에 보도자료를 뿌리고 할라치면 광고비로 100만 원을 쓰는 건 금방이다. 자, 책을 열심히 만들고 1,000권을 팔았더니 -290만 원의 손실이 이루어졌다. 이게 어떻게 된 일일까.

책을 만드는 작업은 초기 투자비용이 많이 든다. 출판사가 매출의 90%를 가져간다는 건 말이 안 되는 이야기다. 다만 판매부수가 늘어날수록 이윤이 늘게 된다. 1,000권을 팔았을 때 -290만 원의 손실이 있었지만, 2,000권을 팔면 60만 원의 이익이 남고, 3,000권을 팔면 410만 원이 남는다.

즉, 1인 출판사를 만들어 이윤을 보고 싶으면 적어도 1년 이내에 2,000부를 판매할 수 있는 책을 만들어야 한다는 것이다. 또한 출판사로서 유지하려면 1년에 5권 이상의 책은 출간해야 한다. 과연 그렇게 할 수 있을까? 만약 그렇다 해도, 책에 투입된 노력을 생각해볼 때 만족할만한 결과일까? 다시 한 번 생각해볼 문제다.

출판사는 취미가 아니라 직업이다

간혹 투잡으로 출판사를 하겠다는 분이 있다. 불가능한 것은 아니다. 능력만 있다면 무슨 일이든 못 하겠는가. 하지만 프리랜서가 아닌 직장인이라면, 그리 쉬운 일이 아니다.

책을 만들고 편집하는 일이야 퇴근 후에 혹은 주말에 가능하다쳐도, 서점으로부터 매일 주문을 받아 배본사에 그때그때 요청을 해야 하고, 인쇄 감리, MD 미팅 등 의자에 앉아서 해결할 수 없는 일들이 많다.

1인 출판사를 마치 셀프출판처럼 여기는 사람도 있을지 모르겠다. 하지만 세상이 셀프출판과 소규모 출판사를 바라보는 시선은 사뭇 다르다. 셀프출판은 '아마추어'로 봐주는 경향이 있기에, 오탈자나 실수가 있어도 그러려니 하고 넘어가는 편이다. 하지만 1인 출판사는 다르다. 전문적인 '출판사'로서의 기능을 기대하기에 사소한 실수도 용납하지 않는다. 만약 문제가 발생했을 시, 출판사 '대표'로서 모든 문제를 해결해야 하는 부담도 있다.

원고를 쓰고 책을 만드는 것은 취미로 할 수 있는 일이다. 그리고 대부분의 저자는 다른 직업을 가지고 있다. 글만 써서 먹고사는 사람은 거의 없다. 하지만 출판사는 좀 다르다. 출판사를 제대로 운영하고 싶다면, 투잡으로는 쉽지 않다. 출판사 등록만 해놓고 한 해 동안 책을 한 권도 출간하지 않은 출판사가 부지기수인 것이 바로 이러한 이유다. 덜렁 출판사 등록을 해놓고 보니 감당할 수가 없었던 것이다.

출판사를 차리기로 마음먹었다면, 그것을 직업으로 삼고 매진할 준비가 되어 있어야 한다. 그렇지 않다면 출판사를 차려서 얻는 이득보다, 잃는 것이 더 많을 수도 있다. 금전적으로 시간적으로 체력적으로 말이다.

나는 작가인가, 기획자인가?

출판사를 차리겠다고 생각한 사람은 대부분 둘 중 하나일 것이다. 내 글을 책으로 만들고 싶은 사람과 좋은 책을 만들고자 하는 순수한 욕망이 있는 사람. 즉, 작가 유형과 기획자 유형이다.

이 책을 읽는 사람의 상당수는 아마 작가 유형일 것이다. 내가 쓴 글을 책으로 만들려는 것인데, 이 경우 출판사 창업을 권하고 싶지 않다.

나는, 두 번째 책인 『눈을 만나다』를 출간할 무렵 출판사 창업을 진지하게 고려했었다. 내 책을 내주는 출판사가 없으면 내가 만들면 되지, 그렇게 생각했었다.

하지만 이모저모를 따져본 후 결국 창업의 꿈을 접고 자비출판을 하게 되었는데, 돌이켜 생각해보면 참 적절한 판단이었다. 일단 작가로서 1년에 몇 권의 책을 쓸 수 있을까 생각해보자. 일반적으로 1년에 한 권 쓰기도 힘들다. 물론 전업작가라면 여러 권의 책을 내는 게 가능하겠지만, 쉬운 일은 아니다. 말한 바와 같이 출판사는 1년에 적어도 5권 이상의 책을 출간해야 유지가 되는 시스템이다. 매번 내는 책이 베스트셀러가 된다면야 1년에 한 권도 상관없겠지만, 그런 경우는 매우 드물 것이다. 자신의 책만 내는 출판사인 경우 적어도 1년에 책을 5권 써야 한다는 것인데, 대체적으로 불가능하다.

그리고 1년에 책을 5권 써서 만족할만한 판매량을 얻을 수 있는 작가라면, 출판사를 운영하는 시간에 책을 한 권 더 쓰는 게 좋다. 그게 오히려 더 이득일 것이다.

내 책 한두 권을 출간할 계획이라면 자비출판을 이용하는 것이 여러모로 낫다. 스트레스를 덜 받고, 경우에 따라서는 비용도 덜 든다. 출판사를 차려 자신의 원고가 대박을 터뜨릴 거라는 꿈을 꾸는 이가 있다면 이렇게 말하고 싶다.

"그 정도로 좋은 원고였다면 투고했던 출판사에서 붙잡지 않았을 리가 없어요."

자신의 글뿐만 아니라 다른 사람의 글도 출판하고 싶고, 기획이나 편집에 관심이 많은 사람이라면, 즉, 기획자나 편집자 유형이라면 출판사를 만드는 것도 나쁘지는 않다. 하지만 역시 마찬가지로, 쉬운 길은 아님을 꼭 염두에 두어야겠다.

1인 출판은 슈퍼맨의 영역이다

1인 출판사로 꾸준히 책을 내는 출판사를 보면 경외심이 생긴다. 결코 쉬운 일이 아니기 때문이다. 1인 출판사는 멀티플레이어, 그야말로 슈퍼맨의 영역이다.

출판은 기획, 집필, 교정교열, 편집, 디자인, 인쇄, 배본, 마케팅 등 여러 가지 과정에 의해 이루어진다. 따라서 정예멤버로 이루어진 소규모 출판사는 에디터, 디자이너, 마케터로 구성된다. 1인 출판사는 그 모든 것을 혼자 해결해야 한다.

물론 교정교열 및 디자인은 외주를 줄 수 있다. 하지만 1인 출판사의 대표는 대부분 편집자의 성격을 띠기 때문에, 교정교열을 스스로 하는 경우가 많다. 편집과 디자인 비용도 만만치 않기 때문에 자체 해결해야 할 필요가 있다. 요즘은 인디자인으로 책 편집을 많이 한다. 따라서 인디자인을 배워둬야 한다. 내지 및 표지 디자인도 포토샵과 인디자인으로 해결한다. 저자와의 계약도 챙겨야 하고, 배본 및 정산, 인세 지급도 대표의 몫이다. 마케팅을 위해 서점 MD를 만나고, 북콘서트를 여는 것도 누가 해주는 일이 아니다. 직접 뛰어야 한다.

이 모든 과정을 다 품어야 하는 것이 1인 출판사의 대표인 것이다.

물론 요즘은 자비출판사에 원고만 넘기면 알아서 편집, 디자인해서 완성된 책을 가져다주기도 하고, 심지어는 배본까지도 도와주기 때문에 한결 일손을 줄일 수 있지만, 그게 다 돈이기에 영세한 1인 출판사로서는 모든 것을 외주로 해결할 수 없다. 하나라도 자신이 해결해야 내 손에 쥘 수 있는 돈이 늘어나는 것이다.

1인 출판사의 대표라는 자리는 매우 우아해 보일지 모른다. 하지만 인생은 멀리서 보면 희극이고 가까이서 보면 비극이라는 말처럼, 결코 쉬운 일이 아니고 나름의 고충이 많은 자리다. 가볍게 생각하고 결정할 일은 아니다.

나만의 출판사를 만들어보자

그럼에도 불구하고 출판사를 차리겠다면, 제대로 알아보고 준비해야 한다. 출판사를 만드는 건 쉽지만 운영은 어렵기 때문이다. 일단 책 한 권 읽어보고 시작하자.

『내 작은 출판사 시작하기』 - 이승훈 지음, 북스페이스

1인 출판 창업에 대한 기본적인 내용을 담고 있는 책이다. 이 책을 읽고 시작하면 시행착오를 많이 줄일 수 있을 것이다.

자, 그럼 이제 출판사를 만들어보자. 먼저 출판사를 등록해야 한다. 출판사 사무실이 있는 주소지의 시 · 군 · 구청에서 등록하면 된다. 출판사 이름을 먼저 정해두어야 하는데, 이미 같은 이름의 출판사가 있거나 비슷한 출판사가 있으면 업무에 혼선이 있을 수 있으므로 가급적 피하는 것이 좋다. 사업자등록은 관할 세무서에서 하되, 업태는 제조업, 업종은 출판업으로 한다.

출판사를 만들었으면 원고를 찾아야 한다. 이 책은 자신의 원고를 책으로 만드는 법에 대해 이야기하고 있으니, 원고 문제나 저자와의 계약 부분은 넘어가도록 하겠다. 다음은 교정교열 및 편집

이다. 기본적인 내용은 기획출판에서 설명한 바와 같다. 다른 점은, 그 모든 것을 내가 해야 한다는 것이다. 교정교열비가 상당히 비싸기 때문에, 경우에 따라서는 맞춤법 검사기 등을 통해 스스로 교정교열을 해야 할 때도 있다. 다만, 맞춤법에 자신이 없다면 비용이 들더라도 전문가에게 의뢰하는 편이 좋다. 교정교열은 책에 있어 정말 기본이기 때문이다.

편집과 디자인은 독자가 책을 편하게 읽도록 도와주는 과정이다. 이 역시 전문가의 도움을 얻어야 하지만, 앞으로 출판사를 계속 유지해나갈 예정이라면 스스로 해결하는 게 좋다. 디자인을 직접 하지 않더라도 편집과 디자인에 대한 이해가 높아야 디자이너와의 의사소통이 원활해져 좋은 결과물을 빠르게 낼 수 있다.

요즘은 편집과 디자인에 어도비 인디자인 프로그램을 많이 사용한다. 업계의 표준처럼 여겨지고 있으니 편집 디자인을 공부하려 한다면 인디자인을 알아보는 것이 좋겠다. 예전에는 아래아한글 프로그램으로도 책을 만들곤 했지만, 디자인적 요소를 충족시키지 못하고 인쇄 품질이 떨어져 거의 사용하지 않는 추세다.

설명은 간단하게 했지만 책 한 권이 나오는 동안 결정해야 할 부분이 한둘이 아니다. 기획 및 원고 편집은 물론이요, 하다못해 인쇄할 때 어떤 종이를 쓸 것인지, 판형은 어떤 거로 할지, 코팅은 무엇으로 하며 책날개를 만들 건지 띠지를 할 것인지 하나하나 따져봐야 한다. 그런 것을 즐길 수 있는 사람이어야 출판사를 운영할 수 있다.

저는 공무원인데 출판사를 차려도 되나요?

출판 커뮤니티에서 어떤 분이 질문을 했다. 현재 공무원으로 재직 중인데 출판사를 차릴 수 있느냐는 것이었다. 단도직입적으로 말하자면, 안 된다.

공무원은 겸직 금지조항이 있다. 즉, 또 하나의 '직업'을 가지면 안 된다는 뜻이다. 만약 출판사를 차린다면 '출판사 대표'라는 직업이 생기므로, 출판사로 돈을 벌든 말든 상관없이 겸직 금지조항 위반이다. 방법이 없는 것은 아니다. 단체장의 허가가 있으면 겸직을 할 수 있다. 하지만 과연 단체장이 출판사 대표를 하도록 허가해 줄지는 의문이다.

하지만 책을 쓰는 건 상관없다. 공무원이라 해도 창작활동에 의한 수입은 '겸직'으로 취급하지 않는다. 책을 쓰거나, 유튜브를 하는 등의 행위는 아직까지는 겸직에 해당되지 않으므로 원고를 써서 출판사에 투고해 책을 내고, 그 인세를 받는 것은 공무원도 할 수 있는 일이다.

현직 공무원이라면 출판사 창업의 꿈은 버리는 게 좋다. 만약 출판사를 하고 싶다면 현재의 공무원직을 포기해야만 한다.

다만, 창작활동에 따른 수입은 공무원이라도 전혀 문제가 되지 않으니 책을 만들고 싶다면 열심히 글을 써서 출판사에 투고하면 된다.

독립출판은 어떻게 하나요?

기존의 시스템을 벗어나 새로운 형태의 출판을 꿈꾸는 이들이 모여, 독립출판이라는 독특한 출판 형태를 만들어냈다. 독립출판이란, 기존의 출판 및 서점 시스템에 반기를 들고 자신만의 새로운 영역을 구축해나간 출판 형태다. ISBN이라는 형식을 버렸기에 일반 서점에서는 판매할 수 없다. 따라서 이런 책들은 독립서점이라 불리는, 독특한 공간에서 판매되는 경우가 일반적이다.

독립출판은 기존 출판사에서 시도하기 힘든 파격적이거나 독특한 콘셉트의 책들이 주류를 이룬다. 서적으로 등록이 되어 있지 않기에 도서정가제와도 상관이 없다. 그야말로 자유롭게 자신의 생각과 형식을 펼칠 수 있는 매력을 가지고 있다.

기존의 출판 시스템에 염증을 느끼고 있다면 독립출판을 시도해보는 것도 좋다. 다만, 독립출판이 돌파구는 아니다. 출판으로 가는 더 쉬운 길도 아니다. 책 만들기는 쉬울지 몰라도 책을 파는 것은 오히려 더 힘들 수 있다.

출판사 하지 마세요

주절주절 길게 말했지만, 내가 이야기하고 싶은 요점은 하나다.

"출판사 하지 마세요."

1인 출판사는 겉보기엔 우아하지만 노동집약적이며 멀티플레이를 요구하는 아주 힘든 직종이다. 자신이 기획자나 편집자의 능력을 갖추고 있다면 모를까.

저자로서 출판사를 차리는 것은 득보다는 실이 많다.

게다가 현재 다른 직장을 가지고 있다면 더더욱 그렇다. 출판사는 투잡으로 하기 힘든 직업이다. 노력에 비해 소득이 적다. 오히려 지출만 늘어날 수 있다. 운 좋게 베스트셀러를 만들어낸다면야 이야기가 달라지겠지만, 베스트셀러라는 게 어디 그리 쉽게 만들어지는 일이던가.

출판사는 편집자, 디자이너, 마케터가 해야 할 일이다. 저자가 할 일은 아니다. 1년 이상 버틸만한 투자금이 있고, 기획이든 디자인이든 마케팅이든 뭔가 하나 자신 있는 게 있으며, 책 만드는 게 너무너무 좋다면 말리지 않겠다. 하지만 그저 내 책 하나 만들겠다고 출판사를 꾸리는 것은 배보다 배꼽이 큰 일이다.

그래도 내 출판사에서 출판을 하고 싶다면, 이름만 자신의 출판사로 하고 제작과 유통은 다른 자비출판사에 맡기는 방법이 있다. 하지만 굳이 그렇게 해야 하는지는 의문이다. 차라리 그냥 마음 편하게 자비출판을 하는 게 여러모로 정신건강에 좋지 않을까.

Chapter 9
만들었으면 팔아봅시다

집에 금송아지가 있으면 팔아라

'집에 금송아지를 매었으면 무슨 소용인가.'라는 속담이 있다. 마찬가지다. 집에 좋은 책이 있으면 무엇 하겠는가. 갖다 팔아야 돈이 되지.

책을 만들고 인쇄하면 끝이 아니다. 이제부터 시작이다. 어떻게든 홍보해서 팔아야 한다. 오로지 저자의 입장에서 보았을 때, 기획출판의 마케팅과 자비출판, 혹은 셀프출판의 마케팅은 확연히 다르다.

기획출판의 마케팅에 있어 저자가 할 일은 많지 않다. 자신이 운영하는 SNS에 홍보 글을 올리거나, 친한 지인들에게 구매를 부탁하는 정도일 것이다. 나머지는 출판사의 마케터가 알아서 한다. 저자로서는 이보다 더 편한 게 없다.

하지만 자비출판이나 셀프출판은 전혀 상황이 다르다. 책이 나왔다 해도 홍보를 제대로 하지 않으면 그 책이 나왔다는 것을 아무도 모른다. 물론 자비출판사에서 홍보를 해주는 경우도 있지만, 기획출판사에 비하면 초라한 것이 사실이다. 아무리 좋은 책을 썼다 한들, 사람들이 그 책이 나왔다는 사실을 알지 못하면 판매가 될 리 없다.

사실 출판에 있어 가장 어려운 일 중 하나가 마케팅이다. 마케팅에 따라 책이 살고 죽는다. 집에 금송아지가 있든 말든 무슨 상관인가. 팔아야 값을 받는 법이다. 좋은 책을 만들었으면 수단과 방법을 가리지 않고 내다 팔아야 한다. 그것은 투자비를 회수하는 과정이기도 하지만, 만들어진 책에 대한 예의이기도 하다. 팔지도 않을 책이라면 무엇 하러 만들었다는 말인가.

팔자. 팔아보자. 그 길은 험하지만 그게 책 만든 이의 사명이니 회피해서는 안 된다.

크라우드펀딩을 해보자

크라우드펀딩(Crowd funding)이란, 자금이 필요한 제작자가 불특정 다수의 대중으로부터 자금을 모아 제작을 하는 방식을 말한다. 방식에 따라 후원형, 기부형, 대출형, 지분투자형이 있다. 이 중, 책 제작에 있어 많이 사용되는 방식은 후원형이다.

후원형 크라우드펀딩은, 일정의 목표금액을 설정해놓고 불특정 다수의 후원으로 인해 그 금액이 달성되면 프로젝트가 성공하는 방식이다. 후원자는 후원액에 따라 제작자가 정해놓은 보상(리워드)을 받을 수 있다. 출판 크라우드펀딩은 기본적으로 책을 보상으로 제공하며, 책갈피, 엽서 등의 팬시상품을 곁들이는 경우가 많다.

크라우드펀딩을 하는 목적은 크게 두 가지다. 자금조달, 그리고 홍보.

크라우드펀딩 자체가 제작에 필요한 자금을 조달하기 위해 만들어진 시스템이기 때문에 출판 관련하여 크라우드펀딩을 할 때는 당연히 그 부분을 염두에 두어야 한다. 실제로 영세한 1인 출판사의 경우, 크라우드펀딩을 통해 얻게 된 몇백만 원의 자금이 책을 출간하는 데 있어 결정적인 힘이 되는 경우가 꽤 있다. 처음부터 투자비용의 일부를 회수하였으니, 큰 짐을 덜게 되는 것이다.

하지만 요즘은 자금조달 외에도, 홍보의 목적으로 크라우드펀딩을 이용하는 출판사가 많다. 어떻게든 사람들에게 책을 노출해야 하는데, 크라우드펀딩을 하다 보면 자연스럽게 대중들에게 책이 노출되니 광고 효과가 생기는 것이다. 원래의 의미는 자본이 빠듯하여 책을 출간하기 힘든 출판사가 자금을 모으는 방식으로 크라우드펀딩을 하지만, 자금이 넉넉한 출판사도 광고를 위해 일부러 자금을 모으기도 한다. 또한 펀딩을 하면서 후원액을 통해 이 책이 얼마나 인기가 있을지, 초판은 몇 권이나 찍어야 할지를 가늠하기도 한다.

크라우드펀딩을 할 때 주의할 점이 있는데, 후원 보상으로 도서정가제를 벗어나는 혜택을 주어서는 안 된다. 즉, 10,000원짜리 책을 펀딩하면서 5,000원 후원을 한 사람에게 책을 보내서는 안 된다는 것이다. 책은 도서정가제에 의해 10% 할인만 가능하고, 5% 이내에서 포인트 적립이나 사은품의 증정이 가능하다. 즉, 10,000원짜리 책은 9,000원 이상의 후원을 한 사람에게 보내줄 수 있다.

후원 보상으로 보낼 선물을 기획할 때에는, 후원금보다 지출금이 더 많지 않도록 조심해야 한다. 생각 외로 들어가는 비용이 꽤 있다. 일단 택배비 4,000원에 포장비 500원을 생각해야 한다. 펀딩 플랫폼에서 떼어가는 수수료도 만만치 않다. 플랫폼마다 차이가 있지만 모금액의 8~12% 정도를 수수료로 내야 한다. 책 제작

비용과의 비중을 잘 따져보지 않으면 오히려 손해가 된다.

크라우드펀딩은 신경 쓸 일도 많고, 준비할 것도 많다. 모금에 성공했다 해도 리워드 상품을 일일이 포장하고 발송하는 것도 일이다. 하지만 자금조달과 광고라는 두 마리 토끼를 잡을 수 있으니, 제작비가 쪼들린다면 진지하게 고민해 봐도 좋을 것이다. 출판 분야의 크라우드펀딩으로는 텀블벅(tumblbug.com)과 와디즈(wadiz.kr)가 대표적이다.

매대에 올려보자

신간이 나오면 교보문고 매대에 올라가는 게 당연하다고 생각하겠지만, 매대에 오르는 일은 출판사 마케터가 열심히 일한 결과물이다. 책이 나왔다고 자동으로 매대에 책이 오르는 일은 없다. 적어도 출판사 담당자가 교보문고 MD를 만나 매절영업이라도 해야 매대에 오를 가능성이 생긴다.

매절영업을 했다 해도 MD가 보기에 판매량이 많지 않을 것 같으면 매대에 올리지 않는다. 각 서점마다 한두 권 정도만 보낼 뿐이다. 일부 자비출판사에서는 매절영업을 한다. 자비출판을 준비할 때에는 자신이 알아본 출판사가 매절영업을 하는지 알아보는 것이 좋다. POD 셀프출판의 경우 절대 매대에 오를 수 없다. 주문형 생산이므로 매대에 올릴 책이 없기 때문이다.

출판사가 매절영업을 하지 않았거나, 매절을 했음에도 불구하고 매대에 책이 오르지 못했다면, 차선책을 생각해볼 수 있다. 바로 광고 매대를 쓰는 것이다.

서점에 책이 올려져 있는 평대 중 일부는 광고용이다. 즉, 돈을 받고 자리를 빌려준다고 보면 된다. 책 한 종을 올려놓을 수 있는 공간의 가격은 지점마다 차이가 있는데, 보통 수십만 원 이상을 생각해야 한다.

이런 광고 매대를 사용하면 그만큼 많은 판매량을 올릴 수 있을까? 아쉽게도 대부분은 그렇지 못하다. 1인 출판사들은 광고 매대 사용을 꺼리는 경향이 있는데, 투자비용만큼 판매량이 나오지 않는 경우가 많기 때문이다.

자신의 책이 매대에도 오르지 못하고 사라지는 것은 정말 슬픈 일이다. 꼭 매대에 올려보고 싶다면 지방의 지점은 비교적 저렴한 비용으로 광고 매대를 이용할 수 있으니, 투자를 해보는 것도 나쁘지는 않을 것이다.

지인이 힘이다

처음으로 책을 출간했을 때, 가장 힘이 되어주는 이는 바로 지인과 가족이다. 물론 친한 이들에게 책을 선물해주고 싶은 마음도 있고, 실제로 기획출판을 하면 저자 증정본으로 약 10~20권 정도의 책을 주기 때문에 고마운 분들께 선물을 하기도 한다. 하지만 지인은 책을 선물해주고 싶은 고마운 사람이기도 하지만, 내 책을 사줄 또 하나의 독자이기도 하다.

책이 나왔을 때 매대에 오른다 해도 초반에 서점 판매가 이어져야 매대에서 오래 버틴다. 따라서 지인에게 되도록 온라인보다 오프라인서점에서 책을 구입해달라고 부탁을 하는 것이 도움이 된다. 오프라인서점 판매가 많을수록 매대에서 보내는 시간이 늘어나고, 광고효과가 지속된다. 책이 매대를 떠나 서가로 꽂히는 순간 오프라인서점의 광고효과는 사라진다고 봐야 한다.

책을 처음 내는 저자는 부끄러움에 자신이 책을 냈다는 것을 밝히기 주저하기도 하는데, 이는 책에 대한 예의도, 출판사에 대한 예의도 아니다. 특별히 자신의 신분을 감춰야 하는 상황이 아니라면 동네방네 소문내고 홍보해야 한다. 첫 번째 책은 지인의 구매율이 높지만 두 번째, 세 번째 책은 저자도 지인에게 구매해 달라 말하기 미안하고, 지인도 매번 책을 사주는 게 부담스러울 수 있다. 이왕 도움을 받을 거면 첫 번째 책에서 뽕을 뽑자.

SNS의 파급력

알렉스 퍼거슨 전 맨체스터 유나이티드 감독은 "SNS는 인생의 낭비다."라고 했다. 하지만 출판계에 있어 그것은 틀린 말이다. SNS 없이는 출판계가 살아남기 힘들다.

요즘 잘 나가는 에세이들의 상당수는 페이스북, 인스타그램, 블로그 등에서 연재하던 글을 재구성한 것이다. 이미 인기가 입증되었고 책을 사줄 예비독자(팔로워)가 있으니 출판사에서는 SNS 스타를 찾아 사냥을 나선다. 유튜브 또한 대세다. 유튜브는 그 자체로 아주 훌륭한 매체지만 유튜버들이 가지고 있는 콘텐츠는 책으로도 속속 만들어지고 있다. 마인크래프트로 유명한 유튜버 도티는 유튜브 이외에도 다양한 영역에서 활동하고 있는데, 특히 교육적 내용을 담은 책을 출간해 인기를 얻고 있다. '예뿍이의 작업방'을 운영하는 유튜버 예뿍은 『예뿍이의 종이구관』이라는 책을 내어 약 2개월간 10,000부에 이르는 판매량을 올렸다. 80년대에 유행했던 종이인형의 업그레이드 버전이라고 생각하면 될 텐데, 최근 나오는 신간들이 초판 2,000부도 팔기 힘들어하는 것을 생각하면 아주 훌륭한 판매량이라 볼 수 있다.

이 책이 왜 그렇게 많이 팔렸을까? 유튜브를 통해 인지도를 쌓고 좋은 콘텐츠를 보여주지 않았더라면 아마 그리 많이 팔리지 않았을지도 모른다. 하지만 유튜브가 광고효과를 보여주니 판매량이 급격하게 늘어난 것이다.

요즘 출판사들은 광고 매대나 미디어 광고에 크게 투자하지 않는다. 오히려 페이스북 등 SNS 광고에 열을 올리고 있다. 그것이 더 효율적이고 파급력이 강하다는 것을 아는 것이다. 시대의 변화는 책 광고의 변화를 이끌었고, 그것은 조만간 책 자체의 변화를 일으킬지도 모른다.

네이버 메인에 올라보자

구글과 유튜브가 기존 포털이 차지하고 있던 검색 및 콘텐츠 분야를 많이 점령한 것이 사실이지만, 아직도 우리나라에서 네이버나 다음이 차지하는 비중은 매우 크다. 네이버 메인화면에 노출되는 것만으로도 수천, 수만 명의 관심을 얻을 수 있기 때문이다. 따라서 출판사들은 어떻게든 네이버 메인화면에 책을 노출하기 위해 안간힘을 쓴다.

네이버 메인화면에 오르는 방법은 여러 가지가 있지만, 가장 기본적인 방법은 '책문화판'을 이용하는 것이다.

책문화판에 출판 관련 정보를 노출시키고 싶으면, 책문화 블로그(blog.naver.com/nv_bc)에서 신청할 수 있다. 출간 전 연재, 서평이벤트, 새로 나온 책, 카드뉴스 등을 신청할 수 있다.

가장 기본적인 방법은 네이버 포스트(post.naver.com)나 블로그에 글을 올린 후 노출을 신청하는 것이다. 책을 간략하게 소개하는 포스트를 작성할 수도 있고, 재미있는 부분, 중요한 부분을 따내 연재할 수도 있다. 책문화 블로그에서는 이러한 신간 홍보 관련하여 3개월 단위로 게시물을 올려 신청을 받는데, 댓글로 신청하면 된다. 책의 내용이 재미있거나 포스트가 흥미로운 것이 잘 선정되는 편이다.

또한 저자 강연회나 출판사 이벤트가 있는 경우, 책문화 블로그에 신청하면 메인화면에 노출해준다.

책문화판은 비용을 들이지 않고 광고를 할 수 있다는 점이 매력적이다. 따라서 노출을 희망하는 출판사들이 앞 다투어 댓글 신청을 하는 실정이며, 천 개 이상의 신청이 쏟아지기 때문에 채택이 쉽지 않다. 하지만 선정만 되면 광고 효과는 톡톡히 있으니, 기회가 된다면 꼭 신청해보는 것이 좋다.

책문화판 이외에도 책을 홍보할 기회는 더 있다. 책이 담고 있는 콘텐츠와 관련된 판에 신청하면 된다.

네이버 책문화
blog.naver.com/nv_bc/220879073884

이곳에 자세한 설명이 나와 있다. 예를 들자면 여행기는 여행플러스에, 재테크는 네이버 경제M에, 건강 및 의학 서적은 네이버 건강에, 육아 관련은 네이버 맘키즈에 콘텐츠 노출을 신청할 수 있다.

그 외에도 카페 창작활동 지원을 통해 모바일 네이버에서 노출을 시도해볼 수 있다.

카페 지원 프로그램

m.cafe.naver.com/CafeSupport.nhn#create_go

공개 카페와 연관성이 있는 주제의 창작물이라면, 카페의 매니저나 스탭이 지원을 신청할 수 있다. 선정되게 되면 모바일 네이버 카페 메인화면에 관련 내용이 노출된다.

다만, 한 가지 알아두어야 할 것이 있다. 네이버에 노출이 되면 광고효과가 있는 것은 사실이나 그것이 바로 매출로 연결되지는 않는다는 것이다. 실제로 필자가 두 번째로 출간했던 책 『눈을 만나다』는 여행플러스와 모바일 네이버 카페 메인화면에 노출된 바가 있으나, 그로 인해 매출이 눈에 띄게 늘어나지는 않았다. 그래도 어느 정도의 정성과 노력만 들이면 비용 부담 없이 공짜로 광고효과를 얻게 되니, 가능하다면 시도해보는 것이 좋겠다.

카드뉴스를 만들어보자

카드뉴스란 화면이 작은 스마트폰에 적합하도록 제작된, 이미지 중심의 뉴스다. 일반적인 뉴스와 달리 이미지가 중심이고 거기에 짧은 문구가 삽입된 형태이며, 이미지화된 스토리 있는 정보를 전하는 데 효과적이다.

카드뉴스는 여러 곳에서 사용되고 있지만, 특히 네이버와 같은 포털에서 자주 볼 수 있다. 시각적 이미지가 중요시되고 가볍게 읽을 수 있기 때문에 많은 인기를 얻고 있다.

네이버 포스트에 책 관련 포스트를 쓸 때, 이런 카드뉴스 형태를 시도해보는 것도 도움이 된다. 지루한 글은 사람들이 잘 읽지 않기 때문에 중요한 키워드 중심으로 휙휙 넘겨 볼 수 있는 카드뉴스가 오히려 사람들을 집중시킬 수 있다. 요즘은 웹툰이나 일러스트 형식의 카드뉴스도 많이 시도되고 있다.

웹툰 카드뉴스라면 대형출판사에서나 만드는 게 아닌가 싶을 텐데, 요즘은 재능마켓에서 저렴한 가격에 웹툰을 만들어주는 곳도 쉽게 찾을 수 있다. 물론 퀄리티에 따라 비용은 천차만별이다.

네이버 책문화판에 노출을 시도할 때는 조금이라도 눈길을 끌 수 있는 포스트가 유리하다. 따라서 재미있는 콘티의 웹툰 카드뉴스를 만든다면 조금이라도 채택될 확률이 높아질 테니 시도해볼 만하다. 또한 이렇게 만든 웹툰 이미지를 재활용해 북트레일러를 만들 수도 있으니 일석이조다.

북트레일러를 만들어보자

북트레일러란 새로 출간된 책을 소개하는 예고 동영상이다. 영화관에 가면 영화를 틀어주기 전에 예고편을 보여주는데, 이와 같은 것이라 생각하면 된다. 다만 책을 소개한다는 것이 다를 뿐이다.

예전에는 오프라인서점에서 책을 직접 들어보고 읽어본 후 구매를 결정했는데, 요즘은 온라인으로 구매하는 경우가 더 많기 때문에 책을 소개할 방법이 마땅치 않다. 그래서 출판사들이 북트레일러와 상세페이지를 많이 만드는 추세다.

북트레일러는 이 책이 어떤 책인지에 대해 1~2분 동안 짧게 소개해주는 동영상으로, 흥미를 끌 수 있는 내용을 담고 있다. 하지만 아직 북트레일러가 많이 활성화되어있지는 않은데, 우리나라 독자들이 북트레일러에 익숙하지 않고, 북트레일러를 보려면 굳이 클릭을 해서 봐야 하는 불편함이 있기 때문인 것 같다. 그래도 책 내용을 홍보할 수 있는 몇 안 되는 방법이기에 가능하다면 활용하는 것이 좋다.

네이버에서는 북트레일러를 제작해 책 서비스에 신청하면, 해당 책 정보에 북트레일러를 실어준다. 또한 네이버 검색에서도 북트레일러가 동영상 검색 결과에 나오게 된다.

북트레일러를 만드는 방법은 다양하다. 업체에 의뢰할 수도 있고, 직접 만들 수도 있다. 다만 직접 만든 동영상은 퀄리티가 떨어져 오히려 역효과일 수 있으니 주의가 필요하다.

어떻게 북트레일러를 만들지 고민된다면, 카드뉴스를 활용해도 좋다. 카드뉴스에 사용했던 이미지와 문장을 그대로 담아 성우의 목소리로 내레이션을 넣으면 꽤 쓸 만한 북트레일러가 된다. 웹툰으로 된 카드뉴스였다면 더더욱 쉽다. 성우 내레이션은 역시 재능마켓에서 크게 부담되지 않는 가격에 이용할 수 있다.

카드뉴스의 편집은 동영상 편집 프로그램을 사용하게 되는데, 베가스 프로나 어도비 프리미어 프로 등이 많이 사용되나, 사용법에 익숙해지는 데 시간이 꽤 걸린다. 만약 간단한 영상 편집만 원한다면 곰믹스 프로도 나쁘지 않다.

상세페이지를 만들자

상세페이지란, 제품을 자세히 설명하기 위해 제품의 스펙과 특징을 이미지로 설명하는 것을 말한다. 일반적으로는 상품을 직접 보여줄 수 없는 온라인 쇼핑몰에서 제품을 시각적으로 확인시켜주기 위해 사용되지만, 최근에는 온라인서점에서도 상세페이지가 일반적인 옵션이 되어가고 있다.

책의 상세페이지에는 책 실물의 입체 이미지와 함께 책의 장점, 특성 등을 예쁘고 흥미롭게 홍보하는 내용이 담겨있다. 눈길을 끌기 위해 일러스트를 곁들이는 경우도 흔하다.

사람은 시각적인 유혹에 끌리기 때문에, 글자로만 적혀있는 소개보다는 아무래도 알록달록 예쁘고 강렬한 이미지에 더 관심을 두게 마련이다. 검은색 글씨 설명만 있는 책보다는 상세페이지가 있는 책이 더 완성도가 높아 보이고 신뢰가 생기는 것 또한 어쩔 수 없는 일이다.

하지만 상세페이지를 만드는 것은 디자인에 대한 이해도가 높고 포토샵 등의 디자인 편집 프로그램을 능숙하게 다룰 줄 알아야만 가능한 일이다. 기획출판사의 경우 디자이너가 상세페이지를 만들어 각 서점에 보내겠지만 자비출판에서는 상세페이지 만드는 것이 쉽지 않다. 만약 상세페이지를 만들고 싶다면 자비출판 계약 시 그 부분에 대한 내용을 명시하는 것이 좋다. 출판사에서 상세페이지를 제공하지 않는다면, 직접 만들 테니 각 온라인서점에 배포해줄 수 있느냐고 물어봐야 한다. 상세페이지는 역시 재능마켓에서 디자이너에게 외주를 주어 제작할 수 있고, 이미지의 크기에 따라 다르지만 책의 경우 최소 5~10만 원 정도의 비용이 들어가는 것이 일반적이다.

상세페이지를 만든다고 판매량이 급격히 늘어날 리는 없지만, 책을 살까 말까 고민하는 독자에게는 조금이라도 어필할 수 있는 부분이 될 수 있으니 고려해보는 것도 좋다.

서평이벤트를 해보자

서평이벤트란, 책을 무상으로 공급하고 대신 SNS나 온라인서점에 서평을 올리는 이벤트를 말한다.

출판사가 서평이벤트를 하는 이유는 두 가지다. 첫 번째는, 책의 신뢰도를 높이기 위함이다. 물건을 구매할 때 우리가 쇼핑몰 리뷰를 잘 살펴보고 평가가 좋은지를 보듯이, 책도 마찬가지로 리뷰를 참고한다. 리뷰가 아예 없다면 책이 좋은지 나쁜지 전혀 알 수가 없으므로 구매를 망설일 수 있다. 이런 상황을 방지하기 위해 서평이벤트를 하는 것이다. 인지상정이라고, 무상으로 책을 받고 써주는 리뷰가 아주 야박할 리 없다. 출판사 입장에서는 이미 찍어놓은 책을 10권 정도 보내봐야 배송비만 들기 때문에 저렴하게 좋은 효과를 볼 수 있다.

또 한 가지 이유는, 홍보 효과다. 어쨌든 리뷰어의 SNS, 블로그, 온라인서점 등에 관련 글이 올라가게 되면 조금이라도 홍보가 될 테니 출판사로서는 나쁠 것이 없다. 특히 독자가 집중된 카페에서 진행할 경우, 즉 육아서적을 맘카페에서, 일본 여행서적을 일본 여행카페에서 진행한다면 좀 더 효과를 볼 수 있다.

서평이벤트 역시 기획출판 때는 출판사 마케터가 알아서 진행하겠지만, 자비출판의 경우 스스로 알아봐야 한다. 자비출판사에서 수수료를 받고 서평이벤트를 대행해주는 경우가 있지만 대부분 비용이 생각보다 비싸다.

자비출판사를 통하지 않고도 서평이벤트를 할 수 있는데, 서평이벤트만 전문적으로 하는 카페를 이용하면 쉽다. 서평이벤트 카페는 네이버에서 카페명으로 '서평이벤트'나 '리뷰'를 검색해보면 많이 나온다. 서평이벤트를 신청하면 표지 이미지와 보도자료를 보내 달라고 하는데, 리뷰할 회원을 선정한 후 주소를 보내오면 그 주소로 책을 보내면 된다. 무료로 진행하되 운영진 앞으로 책을 한두 권 더 보내달라는 곳도 있고, 유료로 진행하는 곳도 있다. 온라인서점 평점 때문에 진행하는 서평이벤트라면 무료로 진행해도 무방하다.

이러한 리뷰 전문 카페에서는 일 처리를 확실하고 깔끔하게 하는 반면, 일반 취미 카페에서 서평이벤트를 진행하는 경우 저자가 챙겨야 할 부분들이 좀 있다. 카페 매니저에게 연락해 서평이벤트를 진행할 것인지 협의해야 하고, 리뷰어를 뽑을 기준을 정해야 하며, 추후 리뷰를 어디에 어떻게 게시할 것인지에 대해서도 이야기해야 한다. 그런데 이러한 카페 회원은 서평 전문 리뷰어가 아니기에 서평 게재 기간을 놓치거나 성의 없는 서평을 올리는 경우가 발생할 수 있다. 이런 경우 카페 매니저에게 항의하면 오히려 책의 평판이 안 좋아질 수 있기 때문에 일 처리가 힘들어지기도 한다는 것을 염두에 두어야 한다.

언론홍보를 해보자

언론홍보가 책 홍보의 정수였던 때가 있었다. 라디오에서 반복적으로 귀를 자극하는 책 광고를 들을 때마다 나도 모르게 세뇌되어 '이 책 꼭 사야 하는 거 아닌가?'라는 생각을 하곤 했었다. 그리고 실제로도 많이 샀다.

하지만 요즘은 신문이나 라디오에서 책 광고를 접하기 힘들다. 라디오라는 매체 자체가 예전보다 활용도가 많이 줄었고, 대놓고 광고하기보다는 기사 형식의 광고를 하는 게 더 흔해졌기 때문이다. 하지만 아직까지도 언론의 힘은 무시할 수 없기에 신문사의 신간 담당자 책상에는 매일 홍보를 원하는 책이 쌓여간다.

언론홍보를 하려면 일단 기자에게 책이 가야 한다. 기자가 책을 보고 내용이 좋다 싶으면 기사로 싣는 것인데, 기자에게 책을 다 보낼 수 없으니 중개하는 곳을 통해야 한다.

여산통신(ypress.co.kr)

북피알미디어(bookprmedia.com)

이 두 곳이 대표적인데, 릴리스 대행료는 현재 일반 단행본의 경우 여산통신은 권당 2,000원, 북피알미디어는 2,300원이다. 즉, 100명의 기자에게 책을 보내고 싶으면 여산통신으로 책 100권과 20만 원을 보내면 된다.

오프셋 자비출판의 경우 여유분의 책을 보내면 되기 때문에 시도해볼 만하다. 하지만 POD 자비출판이나 셀프출판의 경우 책값이 더 들 수 있으니 주의하자.

북피알미디어의 경우 '신간 스타트 프로모션'이라는 서비스가 있다. 수량 제한 없이 책을 릴리스해주고 북트레일러 제작, 농협 매장 내 TV 홍보, SNS 홍보, 서평이벤트, 월간 베베티움 신간소개, 한우리문고 신간코너 소개 등의 홍보 서비스를 70만 원에 제공한다. 이것저것 복잡하게 생각하고 싶지 않다면 고려해볼 만한 서비스다.

다만, 기자에게 책을 보낸다 해서 모두 기사화되는 것은 아니다. 기사를 내고 안 내고는 기자의 마음이다. 100명의 기자에게 책을 보냈지만 단 한 건의 기사도 나지 않은 예가 있으니 참고하기 바란다.

아무리 책을 보내도 기사화되지 않으면 소용이 없으니, 아예 책이 아니라 기사를 보내는 것도 방법이다.

뉴스와이어(newswire.co.kr)에서는 4,000여 개의 언론 28,000명의 기자의 DB를 구축하여 기사를 배포한다. 배포 비용은 77,000원에서 495,000원까지 다양하며, 비용이 많이 들수록 혜택도 많아진다. 뉴스와이어 측의 자료에 의하면 2017년 1년 동안 보도자료 1건당 언론의 보도 건수는 스탠다드(165,000원)의 경우 12건이었다 한다.

요즘은 언론 홍보가 크게 빛을 발하지는 못하지만, 구관이 명관이라고 아직 언론사의 기사는 나름의 힘을 가지고 있다. 여유가 있다면 이용해보는 것도 나쁘지 않다.

여러분의 책을 가지세요

그간 출판은 출판사 관계자들만의 영역으로 생각되어 왔습니다. 하지만 이제 저자들도 책을 만들기 전에 출판 관련 지식을 쌓아야만 하는 시대가 되었습니다. 저자는 정보를 찾아 헤매지만 출판 지식을 쉽게 정리해놓은 곳이 없어 시행착오를 겪게 됩니다. 저 역시 그랬습니다.

제가 경험한 시행착오들을 정리하다 보니 한 권의 책이 만들어졌습니다. 이 작은 책이 출판의 모든 것을 담고 있지는 않지만, 나만의 책을 갖고 싶어 하는 예비작가들이 필수적으로 알아야 할 정보를 꾹꾹 눌러 담았다고 생각합니다. 이 책을 발판삼아, 여러분의 책을 가질 수 있게 되기를 간절히 희망해봅니다.

책을 쓰기까지 많은 도움을 주신 네이버 카페 '꿈꾸는 책공장' 회원님들과 도서출판 푸른향기 한효정 대표님, 박화목 팀장님, 스탭분들께 감사드립니다. 그리고 아내 나경과 두 딸 보경, 유빈에게 사랑과 감사를 전합니다.

예비작가를
위한
출판백서

- 기획출판부터 독립출판까지, 내 책 출간의 모든 것

초판1쇄 2019년 3월 28일 **지은이** 권준우 **펴낸이** 한효정 **편집교정** 김정민 **기획** 박자연, 강문희 **디자인** 화목, 이선희 **마케팅** 유인철, 임지나 **펴낸곳** 도서출판 푸른향기 **출판등록** 2004년 9월 16일 제 320-2004-54호 **주소** 서울 영등포구 선유로 43가길 24 104-1002 (07210)
이메일 prunbook@naver.com **전화번호** 02-2671-5663 **팩스** 02-2671-5662
홈페이지 prunbook.com | facebook.com/prunbook | instagram.com/prunbook

ISBN 978-89-6782-087-9 03190

값 13,900원

이 도서의 국립중앙도서관 출판예정도서목록(CIP)은 서지정보유통지원시스템 홈페이지(http://seoji.nl.go.kr)와 국가자료공동목록시스템(http://www.nl.go.kr/kolisnet)에서 이용하실 수 있습니다.
CIP제어번호 : CIP2019008961